幸福の科学の十大原理〖上巻〗

エル・カンターレ「教えの原点」

大川隆法
RYUHO OKAWA

改訂・新版へのまえがき

本書（上巻）は、幸福の科学の実質的一年目にあたる、一九八七年に行われた五回の講演をまとめたものである。著者満三十歳～三十一歳に話された内容である。数年前であれば、自分自身、悟りの未熟さを恥じて、読み返すこともできなかった。

しかし、二〇二〇年に、満六十四歳になった私は、今や世界一〇七カ国以上（二〇二四年四月現在、百七十カ国）に、正心館《しょうしんかん》・支部・拠点《きょてん》等を有する「世界教師」である。日本には、私のような、実在する宗教家は一人もいない。

当会の歴史を明らかにする上でも、一九八七年、一九八八年の二年間に合計十回説かれた講演をまとめておくことは、必ずや次世代の人々にも役立つだろうと思う。

ＤＶＤも頒布《はんぷ》されているので、活字の何倍もある、迫力と言魂《ことだま》を味わって頂ければ幸いである。

二〇二〇年　七月二十六日

幸福《こうふく》の科学《かがく》グループ創始者兼総裁《そうししゃけんそうさい》　大川隆法《おおかわりゅうほう》

〈特別収録〉

『幸福の原理』まえがき

一九八七年春三月、東京は牛込公会堂《うしごめこうかいどう》で、第一回目の救世講演会を開催した。人類救済の悲願《ひがん》を込めて、私は「幸福の原理」を語った。これは、幸福に到るための「愛」「知」「反省」「発展」の四大原理を発表したものであり、私はこの考え方を現代的四正道《よんしょうどう》として位置づけた。

その後、今日に至るまでの、四年近い幸福の科学の歩みは、すべてこの第一回講演会で予言されているといっても過言ではない。

この意味において、本書は真理探究者にとって、必読必携《ひつどくひっけい》の一書と断言してよい。また「愛の原理」は、イエス・キリスト霊指導によるところの「救世主宣言」であり、来たるべき新時代を予告したものである。

また「心の原理」においては、当会に学ぶ者にとって必須《ひっす》の「正しき心の探究」の射程を示した。

本書の刊行を待ち望んでいた全国の有志に、この情熱の書を届ける。遅きに失したとは言わせまい。今こそ勝負の秋《とき》だからである。

一九九〇年　九月

幸福《こうふく》の科学《かがく》グループ創始者兼総裁《そうししゃけんそうさい》　大川隆法《おおかわりゅうほう》

『悟りの原理』まえがき

悟りとは実に厳しいものである。しかし、この厳しさを経て得た「悟り」こそ、真の「幸福」であるのだ。

人間とは実に、霊的なる存在である。この地上を去った時、あの世に持って還れるものは「心」しかない。ゆえに、心の幸福であるところの「悟り」こそがすべてなのである。霊性を開発し、真なる目覚めを体験せずして、今の自分を幸福だなどと思うな。それは迷妄《めいもう》そのものである。

私が、ここに全人類に告げる『悟りの原理』こそが、永遠の真理として語り継がれるものなのだ。ここに永遠の仏陀の声が記されているのだ。

聞け、この獅子吼《ししく》を――。

一九九〇年　十月

幸福の科学グループ創始者兼総裁　大川隆法

幸福の科学の十大原理（上巻）　目次

第1章　幸福の原理

一九八七年三月八日　説法《せっぽう》
東京都・牛込《うしごめ》公会堂にて

第2章　愛の原理

一九八七年五月三十一日　説法
東京都・千代田《ちよだ》区公会堂にて

4　愛の発展段階　134

第3章　心の原理

一九八七年七月二十六日　説法
東京都・小金井《こがねい》公会堂にて

5 正しき心の探究 200

第4章　悟りの原理

一九八七年十月十日　説法
東京都・小金井公会堂にて

第5章　発展の原理

一九八七年十二月二十日　説法
東京都・日本都市センターにて

第1章

幸福の原理

一九八七年 幸福の科学発足《ほっそく》記念 第一回講演会
一九八七年三月八日　説法《せっぽう》
東京都・牛込《うしごめ》公会堂にて

1　青年の時代

「永遠の世界への憧《あこが》れ」と「この世での出世」の間で揺《ゆ》れ動いた東大生のころ

今から約六年前の一九八一年三月二十三日、私は、突然《とつぜん》、天上界《てんじょうかい》から啓示《けいじ》を受けました。最初の啓示は日蓮宗《にちれんしゅう》系の霊団《れいだん》からの啓示でした。日興上人《にっこうしょうにん》、それから、日蓮聖人《しょうにん》といった方々から、突如《とつじょ》、霊示《れいじ》を受けたのです。

それより遡《さかのぼ》ること四年、あるいは五年前でしょうか。ちょうど十九か二十歳《はたち》のころですが、私は、まだそのころは、霊的なことにはあまり関心はなく、平凡《へいぼん》な大学生でしたが、なぜか、バスや電車などに乗っているときに、目の前に字が見えることがよくありました。それは、たいていの場合、白く大きく書かれた「永遠」という二つの字でした。

私は、この「永遠」という字が、なぜ見えるのかが分かりませんでした。しかし、時折、「永遠」という字が、私のまぶたに浮《う》かんできたのです。

そして、そのころ、将来、自分がどの道に入っていくのかということは知らずに、友人たちに、「私は、将来、二千年、三千年後《のち》にまで遺《のこ》るような思想を遺したい」ということを語っていました。しかし、私は、「なぜ、そのようなことを自分が言っているのか」ということには気がつきませんでした。そのころ、すでに、ある種の準備が始まっていたのです。

私は、当時、漠然《ばくぜん》と、将来、思想家のようなものになれたらいいなと思っていました。あるいは、思想家になれなくとも、何らかの文筆的な仕事ができるといいなと思っていたのです。

しかし、私の希望は、次第《しだい》に揺《ゆ》れてきました。そうした「永遠の世界」に、一方では惹《ひ》かれていながら、他方では、自分の周りを見ると、要するに、この世的に偉《えら》くなりたいと思う人たちが非常に多かったのです。

大学は東京大学に入りましたが、なかに入ってからは、専門の勉強に没頭《ぼっとう》するというよりも、やみくもに本ばかりを読んでいるというような、ごくありふれた生活をしていました。

ところが、「永遠」「永遠」と、いつも心のなかでつぶやいていた私も、そのうちに、他の友人たちの影響《えいきょう》を受けて、この世の学問といいますか、実社会を規律する「法律」のほうへと次第に引っ張っていかれたのです。そして、いつかしら、この世のなかで立身出世《りっしんしゅっせ》を求めるような方向へと傾《かたむ》いている自分となっていました。

しかし、私は、そのことにまだ気がつきませんでした。そうこうするうちに、やはり、私も、「この世のなかで、この世的に、少しでも、人よりはよい方向に進みたい」という気持ちが強くなってきました。せっかくよい学校に入ったのだから、他の人々が尊敬するような職業に就《つ》いて、その道で一筋《ひとすじ》に生きていけたら、自分はどれだけ満足を得ることができるだろうかと考えたのです。

そのころ、私は、二つの道を考えていました。一つには、「大学に残って、学者として何かをやりたい」という気持ちがありました。専門はまだはっきりしていませんでしたが、「政治思想か政治哲学《てつがく》か、何かそうしたものを究《きわ》めて、学問の世界で生きていきたい」という気持ちがあったのです。また、いま一つには、「実社会のなかで頭角を現してみたい」という気持ちがありました。

そのように、揺れに揺れたのですが、大学を卒業するころが来ると、学問をやりたい気持ちもあったものの、他の人たちが「実社会でどんどん力を発揮していきたい」と思っている姿を見て、私もまたそちらのほうに惹かれていきました。

なぜか自己実現を阻《はば》まれ、真理とは正反対の世界に投《とう》ぜられる

しかし、そのときに、私の自己実現というのは、ほとんど失敗しました。私には、「それが、なぜそうなるのか」が分かりませんでした。

教養学部から法学部に進んだころは、勉強はよくしましたし、同級生たちを見て

いても、だいたい、みな順調に自分の予定どおりの道に行っているのです。一緒《いっしょ》に勉強会をしていたメンバーは、六人ぐらいでやっていたら、五人ぐらいは、外交官になったり、高級公務員になったり、司法関係に進んだりしているわけです。そのため、私も卒業のころには、やはり、人並みにそのような道に惹かれていきました。

ところが、なぜか私の場合には、そうした試験、あるいは就職の寸前になると、〝大きな壁《かべ》〟のようなものが目の前に現れてきて、私の行く手を阻《はば》むのです。「それがなぜなのか」が私には分かりませんでしたが、なぜか阻むものが出てくるのです。そして、必ず、その道に行かせないようにするわけです。ただ、私は、それでも、「なぜそうなるのか」が分かりませんでした。

それで、就職もするかどうか迷ったのですが、ある総合商社から、ある秋の日に、「一度弊社《へいしゃ》にお越《こ》しくださいませんか」という電話が入り、何の気なくノコノコと出ていって、夕ご飯《はん》をおごられて、三顧《さんこ》の礼で迎《むか》えられ、そのまま、あっさりと就職をしてしまったわけです。

しかし、このときに、まだ、私は「自分のやるべきこと」が分かりませんでした。心のなかには一つのうずきがあったのですが、そのうずきをどの方向に究めていけばよいのかが分からなかったのです。結局のところ、今、私が志している方向というのは、就職先としてはなかったわけです。ですから、その当時、どうしても出会えなかったのです。

しかし、運命というのは非情なもので、田舎《いなか》育ちの私に、〝商社マン〟という世界が訪《おとず》れました。そして、商社には入ったものの、英語の勉強をしていたわけでもなく、海外だけは行きたくないなと思っていたら、入社してすぐに、「アメリカに行ってきなさい」と海外に放り出されるような世界に投《とう》ぜられたのです。

そうした私の生活の空間というのは、仏法真理《ぶっぽうしんり》を求めている仏教者、あるいはキリスト教者から見れば、まさしく正反対の世界でした。そこは、およそ仏法真理の世界とは正反対の、生き馬の目を抜《ぬ》くような世界だったのです。毎日毎日、追いかけているものは数字です。

まずは、朝一番に、コーヒーを飲みながら日本経済新聞をめくり、「最新の情報がないかどうか」「他の人々が知らないような経済情報がないかどうか」をアンテナを張って見ます。

あるいは、他の人が来る一時間も二時間も前に出社して、海外から入っている十メートルを超《こ》えるテレックスを朝一番に切って読み、海外の事情を解読して、いち早く、どのように解決すればよいかを考えたりもします。そのようなことをやっていたのです。

2　真理への道

「天からの啓示《けいじ》」と「忍耐《にんたい》の時」のなかで

しかし、そうした私でしたが、強烈《きょうれつ》な運命の転換期《てんかんき》がやって来ました。それは、まさしく、私にとってはショッキングなものでした。今、みなさんに分かるように語るとするならば、「強烈な一条の光が私の胸を貫《つらぬ》いた」ということです。「おまえの道は間違《まちが》っている」ということを、天から知らされたのです。

しかし、私には生活というものがありました。そうした「天からの啓示《けいじ》」を受けて、おそらく、私は、普通《ふつう》の人間として一生を生きていくことはできないはずだと思いました。とはいえ、現在の世の中においては、布施《ふせ》を求めて生きる過去世《かこぜ》のお坊《ぼう》さんのような生活はできないのです。

ですから、私は、どうにかして、「商社マンの世界」と「仏法真理《ぶっぽうしんり》の世界」とを調和させて生きていきたいと願っていました。働きながらも、まだ、私の心のなかには欲があったのです。

総合商社の世界というのは、仕事は非常にハードですが、高給取りの世界でもあります。おそらく、さまざまな業界のなかでは、とてもいい給料を払《はら》っているだろうし、私のような若者でも、一回のボーナスで新車が買えるぐらいの手当が出ていました。そのような現実に直面してみると、そう簡単に、それを捨てるわけにはいかなかったのです。そして、四年、五年の歳月《さいげつ》が流れていきました。

そのなかで、私は、「仏法真理の探究」ということは行《おこな》っていたわけですが、それは、私の生活のなかのほんの一部、一割にも満たない量でした。あるいは、百分の一か二ぐらいの時間しか割《さ》いていなかったかもしれません。

そして、何カ月かに一回、善川三朗《よしかわさぶろう》顧問《こもん》（後《のち》の名誉《めいよ》顧問。二〇〇三年帰天《きてん》）と会ったときに、霊的《れいてき》な現象をいろいろと記録したり、話をしたりしていたわけですが、そのような現象が身の回りに起きていたにもかかわらず、すべて善川顧問のほうにお任せしてしまって、いつの間にか、私自身は逃《に》げていました。霊言集《れいげんしゅう》が第八巻まで「善川三朗編」ということで出ていますが、ほとんどお任せしていたのです。

私は、「そうした現象は現象として出るけれども、この道に入っていくと、私の将来はどうなっていくか分からない。まだ見通しがついていない以上、自分はまだ動いてはならない」と思っていたわけです。

また、もう一つには、私はまだ、みなさんの前に立つには弱冠《じゃっかん》、弱冠どころではなく、未熟も未熟です。まだ三十歳と数カ月です（説法《せっぽう》当時）。

そのようななか、私は思いました。「この霊的現象はおそらく本物であろう。本物であろうけれども、これを『本物だ』と周りに言って回ったところで、私は大成はできないはずだ。おそらく、一年以内に、『あの人は、変わったおかしい人だ』と言われて、途中《とちゅう》で逸《そ》れていくぐらいがオチであろう」と。

やはり、経験のない部分は「忍耐《にんたい》」と「努力」で補っていかねばならないと感じたのです。「自分がみなさんに間違いのない知識として仏法真理を説きうるようになるまでは、私は忍耐に忍耐を重ねて時を待たなければならない。やがて、時は満ちるであろう。時が満ちるまでは動いてはならない」と思っていたわけです。

一冊の本をつくるまでに、その百倍の霊体験を蓄積《ちくせき》して基礎《きそ》をつくる

そして、その後、さまざまな霊的体験をしました。みなさんが霊言集で読んでおられる霊人《れいじん》の言葉というのは、わずか数十人の言葉でしょう（説法当時）。しかし、この六年の間に、私が体験したさまざまな霊的な現象というのは、その数十倍、数百倍です。高級霊だけでも、もう何百人もの高級霊の話を私は聞いているのです。

また、●『日蓮聖人《にちれんしょうにん》の霊言』についても、この一冊の本をつくるまでに、四年間の資料の蓄積《ちくせき》があるのです。日蓮聖人の言葉というのは、あの一冊の本のおそらく百倍ぐらいあるはずです。それだけの土台があり、基礎《きそ》があるわけです。そうした基礎をつくるまでは、私たちは断じて動いてはならないと考えていたのです。

●『日蓮聖人の霊言』　現在は『大川隆法霊言全集 第１巻』『同 第２巻』（共に宗教法人幸福の科学刊）に収録。

たいていの人であれば、最初に日蓮聖人が出たら、すぐに説法して回っているでしょう。そして、一年たたないうちに、新興宗団の一つや二つはできていると思います。

また、私が考えるに、日蓮聖人が指導霊をしているだけであっても、おそらく数百万人ぐらいの会員を抱《かか》える団体はつくれると思うのです。彼だけの指導を受けて、例えば、霊言集を十冊、二十冊と出しても、何十年かかければ、おそらく何百万人の会員を擁《よう》するような団体になるでしょう。

しかし、私は、事の重大さを感じました。日蓮聖人一人ではないのです。彼は、まだ、ほんの議長にしかすぎなくて、あるいは交通整理役にしかすぎなくて、背後には、五百人以上の大霊団《だいれいだん》が控《ひか》えているのです。私は、この事実を知りました。

そして、私が霊道《れいどう》を開いて、わずか三、四カ月の間に、イエス・キリストからも通信を受けました。最初、善川顧問は、「そんなことは、ありえるはずがない」と信じませんでした。そこで、私は現象をしてみせました。そして、いろいろな対話が始まったのです。

私自身も、イエス・キリストはともかくとして、日蓮聖人の指導であるということを実感し、確認するまで、少なくとも三年以上は認めなかったのです。

3　宗教指導者の責任

地獄《じごく》に堕《お》ちた教祖たちから学んだ「宗教指導者の責任」の重み

今、新興宗団は数多くありますが、彼らの大部分は、霊的《れいてき》な現象が起きれば、すぐにありがたがって、「神様仏様だ」と言って動いています。

しかし、宗教的な指導者というものには責任があるのです。一歩間違《まちが》えば、何十万人、何百万人の現代の人々を狂《くる》わせるだけではなく、後代の人々をも狂わせることがはっきりしているからです。その害たるや、とてもあとでは清算がつかないのです。

まだまだ、私たちは発表をしていませんが、昭和に入ってからあとの新興宗団の教祖たちの数多くが、今どこに行っているのかを私は全部知っているのです。それをすべて発表すると、おそらく、多くの人々がショックを受けるのでできませんが、天上界《てんじょうかい》の高級霊界《れいかい》に還《かえ》っておられる人の霊言《れいげん》だけは、今後、発表します。いつまでたっても出ない教祖の方がいたら、なぜ出ないのか、その意味をよく考えてください。

いろいろなところから、「うちの教祖を出してくれ」と言ってきています。しかし、私は出さないほうがよいのではないかと思っているのです。

出してもよいですが、それを印刷して出版してくれるところは、おそらくないでしょう。なぜなら、「真っ暗だ。苦しい。助けてください」というようなことばかりで、本にならないからです。本にしてもよいのですが、読む人の頭がおかしくなってくるでしょう。

そのようなわけで、地獄《じごく》に堕《お》ちている教祖の人たちと話をしてみると、その哀《あわ》れさは、もうどうしようもありません。救いようがないのです。彼らは、「自分が間違っている」ということを現に知っています。知っているのですが、自分自身の反省だけでは救われないのです。天国に行けないのです。

なぜなら、まだ二代目、三代目が地上で頑張《がんば》っているからです。教祖の教えを奉《ほう》じて、「もっと広げなくてはいけない」ということで、何十万人、何百万人に広げているのです。

教祖は「やめてくれ」と、一生懸命《いっしょうけんめい》、地獄で祈《いの》っているのですが、やめません。「教祖様のために、もっと広げなければいけない」と言って、一生懸命、広げています。広げれば広げるほど、教祖は苦しいのです。やめてほしいのですが、やめてくれません。

「教祖様、おかげさまをもちまして、教祖様のときは十万人だった会員が、今は百万人になりました。ありがとうございました」と、一生懸命、二代目が拝《おが》んでいるのですが、教祖様は、「ああ、これで地獄が十倍長くなった（会場笑）。二百年で出られると思ったところが、二千年ぐらい出られないかもしれない。これは、もう、人間であったことも、そのうち忘れてしまうかもしれない」と考えているわけです。

かわいそうです。

ただ、彼らだけは、私たちでも救えないのです。なぜ救えないのでしょうか。普《ふ》通《つう》の悪霊《あくれい》というのは救えるのです。話をして、早い人であれば、だいたい三、四分で、あっさりと天国に行きます。遅《おそ》い人でも一時間ぐらい説得すれば、何とか納得《なっとく》して行きます。

しかし、〝教祖〟だけは絶対に上がらないのです。なぜ上がらないのかというと、何十万、何百万の人たちが、間違った教えを奉じているからです。この収拾をつけないかぎり、彼らは上がれないのです。

したがって、間違った宗教をやるぐらいなら、もう田舎《いなか》へ帰って大根を引っ張り抜《ぬ》いているほうがよいのです。そのほうが間違いありません。近所の人の悪口を言って、それで地獄へ堕ちたぐらいなら、しばらくすれば上がってくることはできます。

ところが、演台に上がって、「これが日蓮《にちれん》の言葉だ。イエス・キリストの言葉だ」

と言って、もし、それが偽物《にせもの》であった場合は、おそらく、大川隆法が地上でみなさんの前に姿を見せることは二度とないでしょう。もう上がってこられないはずです。幸福の科学が大きくなって、海外などに広まったら、ますます困るわけです。私は霊体験を通して、さまざまな教祖たちの姿を見て、「これはいけない」と思いました。

そのため、「日蓮という人が間違いないかどうか」を確認するまでに、三年、四年と我慢《がまん》したのです。彼の性格は、四年たってもいっこうに変わりませんでした。まったく同じ個性です。そして、言っていることは一貫《いっかん》しています。また、言っている内容は、常識人と比べてみても、おそらく、生きている人で、あれだけのことを言える人はいないでしょう。まずいないです。

悪魔《あくま》に騙《だま》されないためには、さまざまな思想を謙虚《けんきょ》に学ぶ必要がある

地獄霊というのは、どんなに巧妙《こうみょう》に騙《だま》そうとしても、どこかで矛盾《むじゅん》が出ます。普

通の地獄霊は、「苦しい、苦しい」と正直に言うので簡単に分かるのです。

ただし、教祖に憑《つ》いている「サタン（悪魔《あくま》）」や「魔王」などと呼ばれる者は、そうとう実績を積んでいるので巧妙です。宗教理論をずいぶん知っていて、振《ふ》りかざすのです。「業《ごう》」のことを言ったり、「転生輪廻《てんしょうりんね》」を話してみたり、「人を救え」と言ったりもします。

例えば、「人を救え」という声が降《くだ》ってきて、「霊言集というのは神仏の声を伝えているのだから、みなさんはこれを広めなければいけない。だから、この霊言集を一生懸命、刷って、一戸一戸《こ》、郵便ポストのなかへ放り込《こ》んでいって広げなさい」と言うかもしれません。その程度のことは言うのです。ただ、それを焦《あせ》ってはなりません。

そのためには、『悪霊から身を守る法』（宗教法人幸福の科学刊）という小冊子のなかにも書いてありますが、「知性」というものが大事なのです。「知識」と言ってもよいでしょう。地獄霊たちは、どれだけ霊力を持っていたとしても、あるいは念《ねん》力《りき》を持っていたとしても、天国とは違って、地獄には学校がないですから、まとまった勉強はしていないのです。

例えば、過去に仏教の真言密教《しんごんみっきょう》の僧侶《そうりょ》をしていて地獄に堕ちた人は、真言密教のことはよく知っています。それは知っているのです。

日本の真言密教のなかで、「真言密教の中興《ちゅうこう》の祖」と言われ、「ある意味では空海《くうかい》以上」と言われた人がいます。この人なども、地獄に見事に堕ちているわけですが、現代も、ある宗団の教祖のなかに入って、惑《まど》わせています。この人は、密教理論を非常によく知っているので、普通の知性では見抜けないのです。

ただ、増上慢《ぞうじょうまん》にならずに、「仏教」だけでなく、「キリスト教」「神道《しんとう》」「孔孟老荘《こうもうろうそう》の思想」、あるいは「道徳」「科学」「哲学《てつがく》」といったものをじっくりと究《きわ》め、そうした思想のなかに流れる〝一本の黄金の糸〟というものを確かにつかんだ人から見れば、サタン等が言うことには、どこかで矛盾が出るのです。

ところが、例えば、密教なら密教、あるいは御利益信仰《ごりやくしんこう》なら御利益信仰でもよいし、水子供養《みずこくよう》でもよいし、キリスト教でもよいですが、それだけが真実だと思っている人というのは、それ以外にまったく目が行きません。そのため、まさしく、その信仰に関してよく知識を持っているサタンのような者から指導を受けると、コロッと参ってしまうのです。

キリスト教系にも新興宗教はたくさんあって、街角でそうした人たちと出会った人もずいぶんいるでしょう。

私も、たびたび『聖書《せいしょ》』を売りつけられて困っています。『キリストの霊言』●でもお渡《わた》ししようかと思うのですが、それをやると大変なことになるでしょう。ですから、「『聖書』がたいへんありがたい書物であることは私も知っていますし、いちおう自宅に持っていますから、今は間に合っています」というように話をしています。

あるいは、地下鉄の駅から出てくると、そこでも、「ちょっとお時間を頂けますか」と声がかかります。困って、「どうしようかな」と迷っていると、すかさず、

●『キリストの霊言』　現在は『大川隆法霊言全集 第5巻』(宗教法人幸福の科学刊)に収録。

「あなたは心に迷いがあるようですね」ときます（会場笑）。そのとおりです。〝迷い〟があります。「困ったな」と思っているわけです。

そうすると、「きっと、あなたには何か悪いものが憑いているのではないでしょうか。お浄《きよ》めをさせていただけませんか」と言ってきます。「三分ほどお時間を頂けませんでしょうか」とくるわけです。「いや、街頭《がいとう》ではちょっと……」と言うと、「では、もっと暗い所へ行きましょうか」とくるので、これには困ってしまいます。

お浄めしてもらってもよいのですが、おそらく、私をお浄めしたら、その人は引っ繰《く》り返るはずです。そうなると気の毒なので、私は一生懸命お断りしているのですが、向こうは、「それはいけない。真理に近づかなければいけない。真理は、一人でも多くの子羊を救うためには、やらなければならないのです」と、一生懸命、引っ張り込みます。本当に申し開きのしようがなくて、「私は〝別の信仰を持っている者〟ですから、どうか勘弁《かんべん》してください」と逃《に》げるしかありません。

このように、現代のいろいろな宗教の諸相、あるいは、あの世に還ったいろいろな霊人《れいじん》たち、特に教祖たちを見て、私は、「この道は、絶対に生半可《なまはんか》な気持ちで入ってはならない」と強く自戒《じかい》したわけであります。そして、四年、五年と確かめて、「もし、これが日蓮の言葉でなければ、キリストの言葉でなければ、私は絶対に世に出てはならない」と思っていたのです。

4　ゼロからのスタート

慎重《しんちょう》に探究を重ね、間違《まちが》いがないと確信した真理のみを発表する

幸福の科学がどれほど慎重《しんちょう》であるかということは、みなさん、ご存じのとおりです。それだけ期間を置いたのです。イエス・キリストが通信してきて、日蓮聖人《にちれんしょうにん》が通信してきて、六年間、講演会をしないような人たちは、普通《ふつう》いないと思います。もっと早く世に出ています。

しかし、この間《かん》、確信ができるまで、私は動かなかったのです。そして、先ほども述べたように、霊言集《れいげんしゅう》に発表しているのは、本当に知っている知識の百分の一ぐらいにしかすぎません。そのなかで、どう考えても、どう考えても、これはほぼ間《ま》違《ちが》いないという部分を取り出してお見せしているわけです。

しかし、初期の二年、三年の間は、高級霊の言葉であっても、やはり、いろいろと「方便《ほうべん》」というものがあります。それは、私たちがまだ悟《さと》っていないから、その世界に十分に入っていないから、彼らは方便というものを使って、私たちを導こうとするのです。少しずつ少しずつ、いろいろなことを言います。

そして、しばらくそれを信じていると、実はもっと上の段階が出てくるのです。六年たって気がついてみると、「最初の一、二年の自分たちのレベルというのは、はるかに低かったな」ということに気がつくわけです。

今、話すと笑い話にされるでしょうが、六年前、私の自宅で犬を飼っていました。その飼い犬が、毎晩、夜になると、キャンキャン、キャンキャンとよく鳴くわけです。そこで、私は日蓮聖人に伺《うかが》いを立てて、「うちの飼い犬には何か悪霊《あくれい》が憑《つ》いているのではないでしょうか」とお訊《き》きしたことがあるのです。

そうしたら、日蓮聖人は親切に答えてくれました。「ああ、確かに二匹《ひき》憑いている。蛇《へび》の霊が二匹憑いているようだ。それで、だいぶ、あの犬も頭にきて、吠《ほ》えているようだ」と（会場笑）。

日蓮聖人もかわいそうです。私たちのレベルが、まだ、その程度だったため、そんなことを訊いていたのです。私たちも、このへんから始めていったわけです。「ゼロからのスタート」というのは、これを言います。私たちも同じなのです。

これで、今、霊言集を世に問うたら、みなさんはどう思うでしょうか。「日蓮聖人、ご質問があります。うちの犬がよく鳴きます。夜鳴きをするのです。どうも普通ではないと思います。きっと何か、悪霊の影響《えいきょう》を受けているに違いありません。何か憑いていませんでしょうか」

それに対して、日蓮聖人が「確かに、蛇が二匹憑いている」と言ったとして、それを本にしたとします。さあ、あとで引っ込《こ》めるのに大変です。

そのように、ある程度、霊的な自覚ができるまでに二年や三年はかかるのです。これは、どのような人でもそうです。いちおう、そうした幼稚《ようち》な段階を通り越《こ》して、さらに次の段階へと入っていくのです。

最近では、ある宗教家がいました。今から十一年近く前、一九七六年の六月に亡《な》くなった方です。この人の霊言集も一九八六年の十二月に初めて世に問いました。そして、ずいぶん反響がありました。

この方は、今、霊界《れいかい》にいますが、決して心穏《こころおだ》やかではないのです。なぜ穏やかではないかというと、彼は霊的現象が起きて、すぐに活動を始めたわけです。四十一歳《さい》か二歳のときです。そして、そのころに、「おまえの人生は四十八ぐらいまでしかない」と言われていました。そのため、「これはいかん」ということで、慌《あわ》てて始めたのです。

そして、さまざまな霊たちの言葉を書き留《と》めたり、聞いたりして、それを伝道しましたが、初期の二年、三年の間は、どうしても無理なのです。私の実体験から言ってもそうです。こちらに霊的自覚ができるまでは、高級霊であっても、本当のことを言う前に方便を使うのです。

順番に方便を使って少しずつ自覚を引き上げていかないと、地上の人間は分からないのです。どんな光の指導霊であっても、肉体を持てば赤子《あかご》同然なので、分からないのです。

ですから、本当は、慣れるまでに、そして、彼らの言うことが確信できるまでに、三、四年、時期を見なくてはいけないのです。

私はこの宗教家とも、五、六年、話をしてきましたが、初期に混乱があったことをずいぶん聞きました。そして、その修正のために、今、「霊言集を何冊も出したい」と言っています。

ただ、私たちが彼の霊言集を出して生前の思想を修正すると、今度はその弟子《でし》が信じないのです。「先生の思想は間違いないから、それと違うことを言うということは、すり替《か》えようとしているに違いない。きっとサタンの仕業《しわざ》だ」ということになるわけです。それだけ厳しいし、難しいのです。最初の人が、もし、少しでも違ったことを言うと、あとの弟子たちは分からないので、それを金科玉条《きんかぎょくじょう》のごとく守ってしまうのです。

彼は、初期に、仏教系統の話を主《おも》にしました。そして、「モーセの教え」、あるいは「釈尊《しゃくそん》の教え」というものを中心に説いたけれども、彼は、例えば、「日本神道《しんとう》」、あるいは「中国の孔孟老荘《こうもうろうそう》の思想」のほうには目が向いていなかったのです。それで、「日本神道の八百万《やおよろず》の神々というのは、六次元神界《しんかい》（光明界《こうみょうかい》）ぐらいの人であろう」と思っていたようです。

ですから、みなさんのなかにも、「六次元で『神界』というのはおかしいのではないか。七次元で『菩薩界《ぼさつかい》』、八次元で『如来界《にょらいかい》』と言っているが、神界がもっと上ではないのか。神界が『六次元』というのはおかしいではないか」と思う方はいるでしょう。彼自身、八百万の神々を六次元の方だと思っていたようです。あるいは、孔孟老荘についてもそうです。それほど高いと思っていなかったのです。なぜなら、関心がなかったからです。それで、「日本神道の神様は、お祓《はら》いをしている程度だから、そう大したことはない。仏教のほうがレベルが高い」と思っていたわけです。結局、時間がなかったのです。

それで、神道の方を「六次元」と言ったとすると、今度は困るわけです。神道系の神様の偉《えら》い人が出てくると、彼の弟子たちは混乱してしまうのです。「確か、そんなに高くないはずだ。それが、ずいぶん立派ないい教えを説いている。おかしい。分からない。孔子《こうし》、孟子《もうし》というのは六次元ぐらいの人のはずなのに、幸福の科学では、『孔子は九次元の人だ』と言っている。こんなことは信じられない」ということになるわけです。

日々の「正しき心の探究」なくして高級霊の通信は受けられない

結局、宗教家というものには、非常に責任があるわけです。自分が確信しているところを述べるのはよいとしても、まだはっきりとした知識として〝詰《つ》めて〟いないところは、確信ができるまで黙《だま》っていなければならないのです。そのため、私も、まだみなさんに公表していないところがたくさんあるのです。

そういうことで、出発点から話しましたが、この立脚点《りっきゃくてん》を、みなさんにもしっかりと知ってほしいのです。私たちは、確かな土台の上に法を説いていこうと思っているのです。

幸福の科学の「入会の心得《こころえ》」のなかに、「会員の資格は、自《みずか》らの『正しき心』を日々探究する意欲を有する者」と書いてあります。会員のなかにも、これを入会のときだけ読んで、入ってからは忘れている人がたくさんいると思います。「ああ、いいことを書いているな」ということで終わってしまい、入会金を納めたら、もう忘れている人もいるはずです。

しかし、これは、私自身の六年間がまさしくそうだったのです。日々、自らの「正しき心」というものを探究せずして、高級霊たちとの話はできないのです。これは例外がないのです。法則なのです。高級霊たちの通信を受けられるためには、その人と同じ心境にならなければ、受けられないのです。

5　預言者《よげんしゃ》とは何か

神は「霊媒《れいばい》」にはかからないが、「預言者」にはかかる

「生長《せいちょう》の家《いえ》」のみなさんのなかにも、この本を手にされる方が数多くおられると思いますので、併《あわ》せて、「預言者《よげんしゃ》」ということについても話をしておきます。『谷口雅春霊言集《たにぐちまさはるれいげんしゅう》』が出ました。生長の家の幹部の人たちは、「おかしい。教団の教義から言えば、神は霊媒《れいばい》にかからないはずだ。したがって、神近き高級霊である谷口雅春先生が人間にかかるとは、これは異《い》なこと、ありえない。迷っておられるならともかく、高いところに還《かえ》られながら、そんな方が人間にかかってくるなどということはありえない」と思っているでしょう。

これは、まだ仏法真理《ぶっぽうしんり》の一面しか知らないのです。生長の家の理論のなかには、

「霊媒」と「預言者」とを区別する理論がないのです。

よろしいですか。霊媒には神はかかりません。これは、おっしゃるとおりです。職業で霊媒をやっているような人には、神様はかかりません。

ところが、預言者には神はかかるのです。預言者という言葉については、これは、「先のことを予言する、予知する」の「予」ではありません。「預かる」という意味での「預」です。預言者というのは、「神の言葉を預かる人」なのです。

モーセ、エリヤ、イエス・キリストは「神の声」を伝えていた

モーセにしてもそうです。モーセは、今から三千二百年ほど前にメレンプターのもとを逃《のが》れて、「出《しゅつ》エジプト」を果たしましたが、天界から「ヤハウェ」といわれる神の声を聞きました。神といっても、正確に言えば、これは九次元の神霊《しんれい》です。では、なぜモーセがその声を聞くことができたのでしょうか。それは預言者だからです。「神の声を伝えること」が彼の職業であり、仕事だからです。

エリヤはどうでしょうか。今から二千八百年ほど前に出ました。そして、間違《まちが》ったバアル信仰《しんこう》を打ち砕《くだ》くために、五百人の宗教家たちを相手にして、カルメル山上において対決しました。たった一人で五百人を相手にしたのです。バアル信仰とは、現在で言えば〝御利益《ごりやく》信仰〟です。当時の間違った宗教家たちは、「バアル信仰というのは何でも叶《かな》えてくれるから、自分たちが願ったとおりになる」と言っていました。

しかし、エリヤはヤハウェを信じていました。「われは、一《いっ》なる神ヤハウェを信じている。ならば、あなたがたの神であるバアルとわがヤハウェの神と、どちらが正しいか対決してみよう」と彼は言ったのです。カルメル山頂で、早朝から対決が始まりました。

五百人のバアル信仰の人たちは、「山頂にて薪《まき》を井桁《いげた》に組み、バアルの神に祈《いの》って、それに天から火を降《ふ》らせて火をつける」ということを行《おこな》っていたわけです。

しかし、午前九時から祈りを始めて、十二時になっても火は降《くだ》りません。バアル信仰の人たちは困りました。「そんなはずがない。バアルの神が私たちを見捨てるはずがない」と。

その五百人の人たちの祈りは、午後三時まで続きました。午後二時を過ぎて、祈る人たちは疲《つか》れ果てました。そして、最後は、血みどろになって踊《おど》り狂《くる》いました。互《たが》いに剣《けん》を鞘《さや》から抜《ぬ》いて、傷つけ合って血を流してまで、「火をどうか降《ふ》らせてください」とバアルの神に祈ったのです。しかし、火は降りませんでした。

これを見ていて、エリヤは嘲笑《あざわら》いました。「それでは、私の神に祈ってみよう。ヤハウェの神に祈ってみよう」と。エリヤは当時、まだ二十代半《なか》ばです。若いのです。やっかみもありました。エリヤは祈りました。

まもなく、天から、すさまじい勢いで火の玉が降ってきました。焼けた石と共に、火の玉が降ってきたのです。そして、その火はエリヤの築いた祭壇《さいだん》に落ち、祭壇の火は燃え上がりました。間違ったバアル信仰の人たち五百人は、エリヤの命《めい》により処刑《しょけい》されました。彼らは全滅《ぜんめつ》です。そういう厳しい時代もありました。このエリヤも預言者です。

時代が下《くだ》れば、イエス・キリストもそうです。イエス・キリストの語った言葉を、よく読んでいただきたいのです。イエスは、何人かの人たちから詰《つ》め寄られ、「おまえは『天にある父が、私を、子を遣《つか》わした』と言っているけれども、『天に父がある、神がある』という証拠《しょうこ》はいったいどこにあるのか。見せてみよ」と迫《せま》られました。

そのときに、イエスはこう言いました。「天におられる父は、『これ、ここにございい』というようには取り出して見せることはできない。しかしながら、わが語る言葉は、わが言葉にあらず。天なる父、われに降《くだ》りて、今、語りたもうなり」と。クリスチャンたちは、この意味が分かりません。私は、この意味を知っています。

それはどういうことかというと、イエス・キリストのなかに、そうした巨大《きょだい》な神霊（エル・カンターレ）が降《お》りてきていたのです。また、当時のヤハウェの神、あるいは、モーセ、エリヤなど、過去の高級神霊たちは、イエスの体を借りて、説法《せっぽう》していたのです。体を借りてというよりは、イエスが語るその折々に、彼らが力を与《あた》えていたのです。

ですから、イエスは、「わが言葉を信ぜよ。わが言葉を聞く者は、神の声を聞くなり。神来《きた》りて、今、語るからなり」ということを言っています。イエスも預言者であり、神の言葉を伝えていたのです。これを「霊媒」とは言いません。

「神の啓示《けいじ》・天使の通信」を受け、『コーラン』を編んだマホメット

また、マホメット（ムハンマド）がいました。アラビアの地です。マホメットは商人をしていました。

彼は、二十五歳《さい》のころに病気をし、貧困《ひんこん》に陥《おちい》り、あるカンカン照りの日に倒《たお》れてしまいました。何日も、食べていなかったためです。

そこに、ラクダを連れた隊商が通りかかり、そのなかに四十歳ぐらいの美しい女性がいました。彼女は未亡人でしたが、その隊商を指揮していたのです。その未亡

人は、そこで車を止めて、「あの倒れている人を救いなさい」と、マホメットを拾い上げました。彼は救い上げられて三日間、その女性の看病を受け、元気を取り戻《もど》したのです。

その後、しばらく、その女性の家に居候《いそうろう》をしていたマホメットは、介抱《かいほう》してくれた女性と結婚《けっこん》します。そして、彼は、ある日の朝五時ごろ、夢を見ます。彼が住んでいたメッカの町の外れには丘《おか》があるのですが、夢のなかでは、彼がその丘に歩いていくと、洞窟《どうくつ》が見えてきました。そこで、「洞窟のなかに入っていくと、なぜか、そこにシャベルがあって、下を掘《ほ》ってみると金銀財宝が出てくる」という夢を見たのです。

彼は、その夢があまりにもありありとしているので、不思議に思い、奥《おく》さんがまだ寝静《ねしず》まっている間に家を抜け出しました。そして、実際に、メッカの郊外《こうがい》へ行ってみると、確かに、夢に見たとおりの丘があったのです。また、その丘を登っていくと洞窟がありました。見たとおりです。

それで、彼は洞窟のなかへ入りましたが、朝まだきに出てきて、洞窟まで歩いてきたので、そのなかを見回しているうちに座《すわ》り込《こ》み、いつしか、ウトウトと居眠《いねむ》りをしてしまいました。

そのときです。洞窟のなかに大きな声が響《ひび》いてきました。「マホメットよ。われはアッラーなり」、そうした声が聞こえてきたのです。マホメットはびっくりしました。「アッラー」というのは、『旧約聖書《きゅうやくせいしょ》』の「モーセ五書」のなかにある「創世記」の神様です。「天地創造の神が、今、語りかけてきた」と思って、びっくりしたわけです。このアッラーというのが、エローヒム（エル・カンターレ）といわれた方と同一人物なのですけれども、この声をマホメットは聞きました。そして、彼は、洞窟のなかで、そうした神秘体験をして、「これは一大事だ」ということに気がつきました。

それで、一度、家に戻ると、誰《だれ》にも何も告げず、食料を四十日分持って、また洞窟に還りました。そして、四十日間の彼の格闘《かくとう》が始まったのです。彼は、アッラーからの啓示《けいじ》、ガブリエルという天使からの通信を受けました。アッラーから何度か話を受け、その後、具体的な法については、ガブリエルという大天使が通信をしたのです。この通信がもとになって、『コーラン』ができました。これがイスラムの教えになっています。

それでは、『コーラン』のもとは何かというと、私たちの「霊言集」と同じです。彼は、結局、「神の言葉」を編集したのです。ただ、当時はテープレコーダーもなく、速記する人もいなかったでしょう。

そのため、彼は、毎日、洞窟のなかで、そうした言葉を聴《き》いては記憶《きおく》し、聴いた内容を他の人が記録するということを、一生懸命《いっしょうけんめい》やっていたのです（マホメット自身は字が書けなかったといわれる）。

そのように、時代を隔《へだ》てて高級霊たちが地上に下《お》り、預言者として神の言葉を伝えているのです。

今、私たちが、まさしく同じ立場に立っています。しかし、過去の教えのなかにも完全な教えがないように、私たちの教えも、完全を期そうとしても、期そうとしても、どこかにまだ不十分なところがあるでしょう。

私の能力をもってしては、理解しがたい仏法真理《ぶっぽうしんり》については、残念ながら、いまだに私にも説けないのです。ですから、みなさんも、高級霊の言葉を学んでいるでしょうが、あれは、あくまでも私の理解の範囲《はんい》での霊言でしかないわけです。

私は、少なくとも、霊言集に出ている仏法真理の言葉を少しは超《こ》える程度の理解はしているはずです。ただ、私を超えた、私の能力を超えた範囲については、彼らも語ることはできないのです。そうした限界はあります。

6　幸福の科学の教えの基本――「内から外へ」「土台から柱へ」

「知ることは力」――仏法真理《ぶっぽうしんり》を味わい、自《みずか》らの理解を確認する

私が今まで述べてきたことは、「幸福の科学がどれほど慎重《しんちょう》にやっているか」、そして、「その根本《こんぽん》が、どのあたりにあるか」ということです。

これは、これから話していく「幸福の原理」のなかにも出てきますが、幸福の科学のなかでは「知識」を大事にしているのです。この知識というのは仏法真理《ぶっぽうしんり》の知識です。別に、ペーパーテストの知識ではありません。これを持っておかなければ、物事の正邪《せいじゃ》を分かつことができないのです。

今、私たちの本を読んでいる人が、もう一度、現代の「宗教」「思想」といったものを振《ふ》り返ってみれば、矛盾《むじゅん》するものが出てくるはずです。無言のうちに、私た

ちは、矛盾するものを批判しているわけです。

「知る」ということは、結局、「力」なのです。知ることは力です。

現代には、「頭をもぎ取れ」などと言っている宗教家もいます（福永法源《ふくながほうげん》、「法《ほう》の華三法行《はなさんぽうぎょう》」を立宗《りっしゅう》したが後《のち》に逮捕《たいほ》される）。間違《まちが》った知識を詰《つ》め込《こ》んだ頭は、もちろんもぎ取ったほうがよいでしょう。

しかし、本当の仏法真理を詰め込んだ頭は、もぎ取らないほうがよいのです。ソクラテスの頭をもぎ取ったら、意味がありません。したがって、みなさんには、まず知ることから始めていただきたいと思います。私たちは、まず、仏法真理を知るということを第一段階に置いているのです。

幸福の科学に入ったみなさんのなかには、セミナーや研修会の試験問題などを見て、「ああ、できない。これは駄目《だめ》だ。もう脱会《だっかい》しよう」というように、早くも迷っている人もいるようです。「ただ、脱会する前に、一度、大川隆法の顔を見てから脱会しよう。それからでも遅《おそ》くはないから、講演会で彼の顔だけ見て帰ろう」と思っている人もいるかもしれません。

そうした試験を見て、いろいろと反応はあるでしょう。ただ、私たちの気持ちを言うと、次のようになります。

一冊の霊言集《れいげんしゅう》をつくるには、少なくとも数百時間がかかっています。一冊を出すのに、それだけの労力がかかっているのです。また、数百時間で一冊ができていますが、その基礎《きそ》になる知識の収集には、さらに、その数倍、数十倍の時間をかけているのです。

そのように、私は、一冊の本を数百時間かけてつくっています（著者注。初期に、実証としての霊言などを集めていたころの話である）。一方で、みなさんは読むのに何時間かかりますか。早い人は二時間で読めるでしょう。遅い人でも十時間で読めるはずです。そして、「三回読んだ」「四回読んだ」と言っています。結構です。

しかし、私たちは、つくる段階で、その数倍、数十倍の時間をかけているのです。そのようにして仏法真理というものを味わっているのです。

それをみなさんが一回読んで、「はい、分かりました。いいことが書いてありました」というようなことでよいかどうかです。もっと、自分が本当に仏法真理をものにしているかどうかを確認してほしいのです。これは大事なことなのです。

今、学校の教育では、学問を教えてくれる人はいくらでもいます。しかし、仏法真理について正しく理解しているかどうかを教えてくれるところはないのです。

「探究・学習・伝道」という順序の意味

私たちは、もちろん、「伝道」ということもやっていくつもりです。全国伝道、そして、海外伝道をこれからやっていきますが、過去六年の経緯《けいい》を語ったように、私は地盤《じばん》固めということを非常に大事にしているのです。幸福の科学の教えは、「内から外へ」「土台から柱へ」というのが基本方針なのです。

そうであるならば、「伝道」の前に「学習」するみなさんであってほしいのです。「伝道する」と言って、いったい何を伝道するのですか。霊言集を売るなら新聞社が広告して売ってくれています。それで結構です。

「何を伝道するのか」を知るためには、学習がなければならないはずです。そして、学習の前には、私たちは探究をしているのです。「探究・学習・伝道」の順なのです。

まだ、私たちには組織もできていません。施設《しせつ》も十分にありません（説法《せっぽう》当時）。この段階において、会員のみなさんが、「霊言が出た、霊言が出た」と言って、全国を走り回っても、それでは伝道にならないのです。言っている人たちが、狐憑《きつねつ》きか何かのように思われたのでは、どうにもならないのです。

そうではなくて、私たちも六年間、基礎を置いたのですから、みなさんも一年、二年は、まずじっくりと腰《こし》を落ち着けて勉強してほしいのです。何を人に伝えるのですか。「何を伝えたらよいのか」が分からないのに、伝えようとしてはいけないのです。これはイエスが言っているように、「目の見えない人を盲目《もうもく》の人が導こうとすれば、二人とも穴のなかに落ちてしまう」ということです。

今の新興宗教がおかしいのは、悟《さと》っていない人が他人《ひと》を悟らそうとして、一生懸命《いっしょうけんめい》、引っ張っているところに原因があるのです。「折伏《しゃくぶく》」しているのです。「勧誘《かんゆう》」しているのです。そのような人はたくさんいるのです。

私も三回ぐらいやられました。それも、悟っている人ならよいでしょう。本当に素晴《すば》らしい人格で、知識を持ち、仏法真理を体得している人が、「お話ししたい」と言って、話すのであれば、それは「よい話を聞きました」と言って、お賽銭《さいせん》を置いていくはずです。

ところが、そうではないのです。たいていは「逃《に》げるのを無理やり引きずり込む」というのが手なのです。それは私だって嫌《いや》なのですから、みなさんも嫌でしょう。あるいは、幸福の科学の会員ではない人も嫌でしょう。

ですから、まず、「探究・学習あっての伝道」なのです。私たちは、最初の一、二年は我慢《がまん》して、幸福の科学が仏法真理の学習団体になるように頑張《がんば》りたいと思っています。放っておけば、どうしても広がるでしょう。

今、「幸福の科学に入りたい」という人はたくさんいます。「入りたいという人を全員入れたら、何人ぐらいになるか」をだいたい推測しました。すると、おそらく、年内に、会員は四、五千人になるのです。ところが、幸福の科学には、まだ講師もおりません（説法当時）。そのような状態で、どんどんどんどん人を増やし、全国に支部をつくってよいかどうかです。私が、毎週毎週、各地を歩いていて、それでよいかどうかです。

私は、まず最初の二、三年の間に、「仏法真理の知識を、ある程度体得して、人々に法を説ける人」をつくりたいのです。「講師の養成」と言っても、「伝道の核《かく》になる人の養成」と言ってもよいでしょう。「支部を開きたい」という人もたくさんいますが、支部で何を広めるのでしょうか。まずは、その内容を知ってほしいのです。

発足《ほっそく》当時は「小乗《しょうじょう》あってこその大乗《だいじょう》」という精神で展開していった

その意味では、十冊の本を出していますが（説法当時。二〇二四年四月時点で、三千百五十冊以上発刊）、そのようなものは、まだ基礎の基礎なのです。それは「こういう現象があって、こういう世界がある」ということを、まずお伝えしているだけであって、私たちは、本当の法をこれから説いていくのです。私は、法の基礎をこれからつくっていくのです。それを読んでからお伝えしても、遅くはないのではないでしょうか。

それは、結局、「小乗《しょうじょう》あってこその大乗《だいじょう》だ」と言っているのです。分かりますか。「自《みずか》ら悟ってから人を救いなさい」と言っているのです。この順序が逆転したときに、宗教の悲劇が始まるのです。自らが幸福になったと思ってから、人を幸福にしてみてください。それでよいのです。「小乗」あっての「大乗」です。

発足《ほっそく》してまもない今の幸福の科学は、小乗仏教の段階にあるのです（説法当時）。

大乗運動を起こしたいのは、やまやまです。海外にも広めたいです。ただ、小乗あっての大乗です。私自身がまだ、究極の悟りを得ていないのです。その段階で、人々に偉《えら》そうなことは言えません。

みなさんもそうです。「幸福の科学でいったい何を悟ったのですか」と言われて、それが言えないようでは人には説けないのです（著者注。この三年後から大伝道期に移行している）。

今、韓国《かんこく》からも、『キリストの霊言』を翻訳《ほんやく》したい」という人が出てきています。「もう翻訳が終わったので、出させてほしい」と言っています。そういう人も来ています。広めたいのでしょう。ただ、私たちは、できるだけ抑《おさ》えていきたいと思っています。どうか、この意味を分かってください（現在、『太陽の法』〔幸福の科学出版刊〕の英訳版等、大川隆法著作は四十二言語に翻訳されて刊行されている。海外活動も活発化し、その活動拠点《きょてん》は世界百七十カ国以上に広がっている〔二〇二四年四月現在〕）。

7　幸福の原理とは

「この世とあの世を貫《つらぬ》く幸福」の出発点となる「正しき心の探究」

さて、最後に、本題の要点を述べておきましょう。

幸福の科学では、「幸福の原理」というものを考えているわけですが、この幸福の原理には幾《いく》つもの道筋《みちすじ》があります。それは数限りなくありますけれども、私たちが考えている幸福というのは、「この世とあの世を貫《つらぬ》く幸福」であるわけです。私たちは、「この世のみで幸福で、あの世に行ったら不幸のどん底」というような幸福ではなく、「過去・現在・未来を貫いて通用するような幸福の原理」を探究しているのです。

その幸福の原理の出発点は、先ほども述べたように、「自《みずか》らの正しき心を探究する」という姿勢であります。これが出発点です。

では、この「正しき心」とは何でしょうか。私が言っている「正しい心」というのは、みなさんの心のなかにある「如来《にょらい》」の部分を探究しようではないかと言っているのです。

みなさんは、段階知で物事を考えるかもしれません。「如来は菩薩《ぼさつ》より偉《えら》い。菩薩は光明界《こうみょうかい》の霊人《れいじん》より偉い」と思っているかもしれませんが、差別知だけでものを考えてはならないのです。

ダイヤモンドが違《ちが》うのではなく、人間はみな、同じダイヤモンドなのです。みなさん、同じダイヤモンドであるのです。ただ、転生輪廻《てんしょうりんね》の過程において、そのダイヤモンドの光り方が違うのです。磨《みが》き方が違うのです。

光の指導霊というのは、結局、そのダイヤモンドの原石を、自らの努力でもって磨いた人のことをいうのです。磨いていないから光を放っていないだけで、光ればみな同じなのです。

ただし、その光る過程においては、一跳躍入如来地《いっちょうやくにゅうにょらいじ》とはいかないということを言っているのです。いきなり、ピカピカのダイヤモンドにはならないのです。やはり、その間には、努力・精進《しょうじん》というものが必要なのです。

それが自らの「正しき心の探究」であり、生命の実相に辿《たど》り着くまでの自らの修《しゅ》行《ぎょう》であるわけです。この過程を経《へ》て、そうした日々を送って、次なる段階が来るわけです。これが、幸福を求める段階です。

①第一の原理「愛」――与《あた》える愛から始める

「幸福の原理」の第一は、「愛」であります。しかし、この愛というのは、「あなたに愛してほしい」というような愛ではないのです。私が書いているように、幸福の科学で言っている愛とは、「与《あた》える愛」なのです。与える愛とは何でしょうか。お金をあげることですか。そうではありません。

与える愛の本質というのはいったい何かというと、まず、そこに「自他一体の悟《さと》り」があるのです。「人間は、同じ神から分かれてきた神仏の子である」という悟りがあるのです。「彼とわれとは別の個性を持っているように見えても、その本質は一体である」という悟りが、愛の基《もとい》なのです。

「他人《たにん》と自分とは違う」と思っているからこそ、いろいろな摩擦《まさつ》があり、軋轢《あつれき》があるのです。「自他は一体であり、共に神仏の子である」ということ、「唯一《ゆいいつ》の神から分かれている」ということを知ったときに、人間は愛さざるをえないのです。

その愛とは何でしょうか。他人をよく思うことです。「他人も育《はぐく》みたい」と思うことです。「無私の愛」です。「無償《むしょう》の愛」です。「見返りを求めない愛」でありま す。それは、結局、自分と他人が同一のものだからです。自分を愛するがごとく他人をも愛さなければならないのです。

「自分を愛する」ということは、教えられなくとも、みな、ある程度はできるのです。ただ、「他人を愛する」ということは、肉体を持てば、悲しいことに忘れてしまうのです。ですから、これを説く必要があるのです。

この与える愛というのは何でしょうか。これは、「慈悲《じひ》」のことを言っているのです。「愛を説いているから、幸福の科学はキリスト教か」というと、そうではないのです。与える愛の本質は慈悲であり、これは、釈尊《しゃくそん》の教えの根本《こんぽん》なのです。現代的に言うならば、釈迦《しゃか》は、「与える愛から始めなさい」と教えたのです。これが慈悲であり、幸福の原理の第一です。

②第二の原理「知」――正しい仏法真理《ぶっぽうしんり》の知識を持つ

第二が、先ほどから言っている「知」であります。「知識」「正しい仏法真理《ぶっぽうしんり》の知識」を持ってほしいのです。これを持っていなければ、本当の意味で人間は自由自在にはなれないのです。私は、今、非常に精神的に解放感があります。それは、いろいろなことを知っているという自負があるからです。

例えば、海外からキリスト教の先生が来ることがあります。そして、「キリスト教に改宗しなければ救われない」と言います。あるいは、「仏壇《ぶつだん》を捨てなさい。仏壇を持っているようでは、あなたは天国に入れません」と言います。その人は、一生懸命《いっしょうけんめい》、キリスト教の伝道をしているのです。心もきれいな方でしょう。

ただ、知らないのです。「仏壇を捨てなければ天国に入れない」「仏教は異教だから」と思っているわけです。そして、仏壇を捨てて、クリスチャンに改宗したら、「ああ、よかった、万歳《ばんざい》。あなたは天国へ行ける」と言っているのです。

これを、あの世の高級霊から見たら、「ああ、しまった」という感じです。イエスは、もう二千年間、恥《は》ずかしくて恥ずかしくてしかたがないのです。

クリスチャンたちは、この第一点が分からず、仏法真理というものを知らないために、「キリスト教以外では救われない」と思っています。これはイエスを思うことしきりなのですが、イエスは、他の諸霊に対して恐縮《きょうしゅく》しているわけです。「仏教のなかにも真理はある。神道《しんとう》のなかにも真理はある。それを私は説かなかったから、彼らはああいうことを言っている」と。悲しいことです。

ですから、正しい仏法真理の知識を持ってほしいのです。これが「真理は汝《なんじ》を自由にせん」ということです。

③第三の原理「反省」――自分の誤ったところに気づき、それを正す

第三は「反省」であります。これは「正しき心の探究」とも関係がありますが、人間というのは、もともと神仏の子であり、光り輝《かがや》いているものです。ところが、この世的に生きているうちに錆《さ》びついてくるのです。塵《ちり》や垢《あか》がどうしても付いてくるのです。ダイヤモンドであっても、転がしておけば、ゴミが付いてくるでしょう。これは、やはり磨かざるをえないのです。これを磨くのが自分の修行なのです。

「他力《たりき》の教え」には、また、他力の教えとして大事なところはあるでしょう。しかし、「自分で磨けるダイヤモンドは自分で磨きなさい。専門職が来て磨いてくれることもありますが、それを待たずして、自分で磨けるダイヤモンドは自分で磨きなさい。そうでなければ、いったい何のための修行をやっているのですか。何のた

めに個性があるのですか」ということです。「個性がある」ということは、「自分というものを大切に育んでいきなさい」という意味なのです。

自分で自分の誤ったところに気がついたら、それを正さずして、いったい誰《だれ》が正してくれるのでしょうか。他人が来て磨いてくれるのでしょうか。自分の顔の表面であれば、他人が来て、磨いてくれたら、きれいになるかもしれません。しかし、心のほうは、そうはいかないのです。自分がやらなければ、きれいになりません。

この「反省」ということは、「自力」の意味ですが、これは大事です。まず、ここから入っていってください。垢を落とさずして、いくらメッキをしても剝《は》げるのです。錆を落とさずしてメッキをしても剝げるのです。

「光一元」の思想は真理です。ただ、それは、ストレートな「如来の教え」です。この世において、如来の人はいないのです。如来の悟りを得てはいないのです。如来の前の段階に来て、一跳躍入如来地はよいでしょう。ただ、そこまで行っている人はいないのです。

反省の教えというのは、まず「阿羅漢《あらかん》」に至るための教えなのです。阿羅漢というのは、六次元上段階の境地です。光の天使の予備軍であり、菩薩になる前の登竜門《とうりゅうもん》です。菩薩になるには、その前に、「反省行《ぎょう》」という道を通らずしてはなれないのです。阿羅漢の境地に至るためには、自らの心の塵や垢を落として、後光《ごこう》がさしてくるようにならなければなりません。そうでなければ「阿羅漢」とは言えないのです。

「幸福の科学は、入会希望者の三分の一ぐらいしか入れないから入会が難しい」（説法《せっぽう》当時）と言っている人もいますが、そのくらいはまだ易《やさ》しいのです。釈迦教団では、まず山のなかに入り、一週間反省をして後光が出なかったら、入門は許されなかったのです。

そうすると、幸福の科学の会員も、本当はみな、入会願書を送り返されて、『正心法語《しょうしんほうご》』を返して、「たいへん長い間、失礼しました。私は、まだ入る準備ができていないので、山のなかにもう一回入ってきます」というところから始めなければいけないはずです。

しかし、現代において、「一週間反省して後光を出せ」と言ったら、いろいろな宗教家たちが怒《おこ》ってしまうでしょう。「それでは会員集めなどできるわけがない」と言うのではないでしょうか。

だから、まず阿羅漢の境地を目指していただきたいのです。この段階は、みなさん、全員可能なのです。過去の転生輪廻でいろいろなカルマはあるでしょうし、修行もあると思いますが、阿羅漢の境地までは、今世《こんぜ》において誰でも到達《とうたつ》できるのです。ここからあとは難しいですが、阿羅漢までは行けるのです。そうした、頭から後光が出る段階までは、誰でも修行すれば来れるのです。そのために、反省というものがあるのです。

まず、私は、阿羅漢を千人ぐらいつくりたいのです。「千人の阿羅漢」をつくりたいのです。阿羅漢が千人出たら、日本は変わっていきます。そうした方々が政治家になり、教育家になり、あるいは、職場において改革をしていき、管理職になり、いろいろなことをしていくと、その周りは変わっていくでしょう。一人の阿羅漢がいれば、五十人、百人の人を変えていけます。そうであれば、千人の阿羅漢がいたら、十万人ぐらいの人が、まただんだん変わっていくはずです。そのようにして、仏法真理は広がっていくものなのです。

④第四の原理「発展」――自分・他人・社会の発展とユートピア建設

この三番目の反省の次が「発展」なのです。反省なくして発展を求めると、つまずく人も出てきます。

なぜならば、自らの錆を落とさずしてメッキをしているからです。いくら金メッキをしても、地が出てくるのです。赤錆が出てくるのです。錆は落とさないとメッキはできないのです。金箔《きんぱく》を貼《は》っても駄目《だめ》なのです。

ですから、まず阿羅漢の段階に達してから後《のち》の一跳躍入如来地なのです。つまり、「光一元」は、正しく説かれたなら如来の教えだということです。それゆえに、その身そのまま「如来」になるためには、光一元の神の子となるためには、まず「阿羅漢」となり、ある程度の悟りを得て、その後、「菩薩」にならなければならないのです。

菩薩というのは人を救う段階なのです。人を救う前には、ある程度、自分を悟っていなければいけないのです。それが阿羅漢です。阿羅漢で自分を悟った人が、次に愛他《あいた》・利他《りた》の行《ぎょう》によって、菩薩となっていくのです。この菩薩が、やがて次に、「本来、闇《やみ》なく、悪なく、影《かげ》なし、光のみ」の世界へ入っていくのです。これが如来なのです。

したがって、「善悪二元」と「光一元」とは対立しないのです（ただし「光一元」が天狗《てんぐ》の法として説かれたなら対立する）。それは段階です。「段階の違い」なのです。まず、八割の人には、善悪二元のなかでの反省行が大事です。そこで垢を落とした人が、次に如来地に入っていくのです。あの世にはっきりとした霊層《れいそう》がある以上、これは事実なのです（ただし八次元が如来の世界であっても、地獄界《じごくかい》があることは否定できない)。

四次元の人が、いきなり八次元には行けないのです。四次元の人は、まず五次元に行かざるをえないのです。五次元善人界の人は、まず六次元光明界に行かなければならないのです。そのあとの菩薩であり、菩薩のあとの如来なのです。この段階がある以上、いきなりは飛び越《こ》せないのです。

そのように、「反省のあとの発展」であるわけです。

これから、みなさんには発展していってほしいのです。発展のないところに、本当の幸せはありません。ですから、「幸福の原理」の最後は発展です。

そして、発展とは、「自らの発展」、それから、「他の人々の発展」「社会の発展」「仏国土ユートピアの建設」です。最後は、ここに至るわけです。こうした過程を大事にしてください。

幸福の原理とは、幸福に至るための四つの道である
「現代の四正道《よんしょうどう》」であり、最初の入り口である

この「愛」と「知」と「反省」「発展」という四つの原理、「幸福の原理」は、「現代の四正道《よんしょうどう》」なのです。「幸福に至るための四つの道」なのです。

まず、ここから入っていってください。

これが、今回、私が説いている「小乗《しょうじょう》」の最初の入り口なのです。

やがて、この次の段階に入っていきます。

ただ、まず最初においては、この「愛」と「知」と「反省」「発展」という四つの正しい道を究《きわ》めていただきたいのです。そうすれば、他の人に見られない幸福というものを、みなさんは感じ取られるでしょう。私は、それを確信しています。

第2章

愛の原理

一九八七年 第二回講演会
一九八七年五月三十一日　説法《せっぽう》
東京都・千代《ちよだ》田区公会堂にて

1　歴史的に輝《かがや》き続けてきた『太陽の法』

『太陽の法』は、今回説いていく法の「導入部分」

一九八七年五月三十一日に第二回の講演会を予定していた当初は、私の最初の理論書である『太陽の法』（現在は幸福の科学出版刊）の発刊がこの講演会に間に合うかどうか、分かっておりませんでした。しかし、「第二回の講演会に何とか間に合わせていただきたい」と出版社にお願いして、間に合わせていただいたのです。

今までに霊言集《れいげんしゅう》を十数冊読まれた方も数多いと思うのですが、「大川隆法はいったい何を考えているのか。自分自身の考えを示せ」と言う方も次第《しだい》に多くなってきましたので、このあたりで私自身の考えを世に問いたいと思ったわけです。

この『太陽の法』という書物は私の理論書としては第一巻ですが、みなさんは、これを読まれて、「けっこう高度なことが書いてある」と感じておられると思います。しかし、これはまだ、私が今回説いていく法の「導入部分」にしかすぎないのです。これから本当に大きな法が説かれていくわけです。

今日は『太陽の法』の出版記念講演会でもあるので、まず前置きとして、この『太陽の法』に関し、若干《じゃっかん》の話をしておきたいと思います。

ムー帝国《ていこく》で「太陽の法」を説いたラ・ムー

今から一万五千年余り昔のことです。

現在の日本を真南に下った所に、ジャカルタという都市のある島（インドネシアのジャワ島）がありますが、この島は、実は今から一万五千年ほど昔まであった大きな大陸の中心点でした。

この大陸のことを「ムー大陸」といいます。そして、この大陸に栄えていた国の

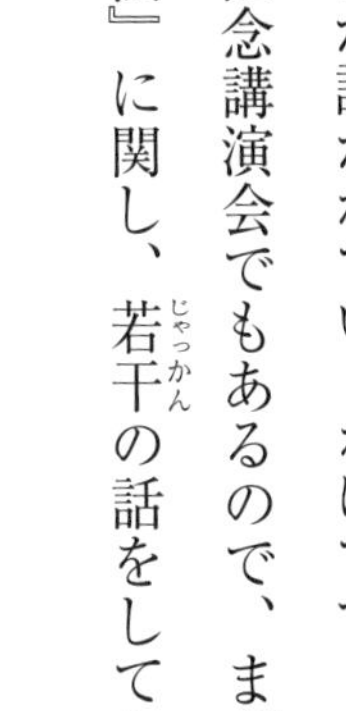

『太陽の法』（幸福の科学出版刊）

ことを「ムー帝国《ていこく》」といいます。

今から一万五千数百年前でしょうか、この大きな大陸が没《ぼっ》していったわけです。幸福の科学以外にも、神智学《しんちがく》の書物など、さまざまな文献《ぶんけん》を通しても、そうした大陸があったことを見聞きしたことがあるのではないでしょうか。

この大陸に、今から一万六千数百年前に、ラ・ムーという偉大《いだい》な帝王が生まれました。ラ・ムーとは、「ムーの光」という意味です。「ラー」は光（「王」の意味で使われることもある）、「ムー」は帝国の名前です。このラ・ムーが生まれて七十三年間の生涯《しょうがい》を送ったわけですが、この間《かん》、ムー帝国は最後の繁栄《はんえい》を満喫《まんきつ》したわけです。

このときにこのラ・ムーの説いた教えのことを「太陽の法」というのです。私の著書の『太陽の法』は、実は、今から一万六千年余り前にムー帝国においてラ・ムーが説いていた内

ムー文明の風景。映画「太陽の法」（製作総指揮・大川隆法、2000 年公開）より。

容と、ほぼ同じです。

アトランティス帝国で「愛」と「知」を中心に説いたトス

　その後、このラ・ムーの生命体は、今から一万二千数百年前、アトランティス帝国に生まれ変わりました。現在の大西洋の、ヨーロッパと北米を結ぶ中間点に、バミューダ海域という所がありますが、ここには、その当時、偉大な帝国がありました。

　アトランティス帝国は、非常に科学文明の発達した国でした。ある意味では、このアトランティス帝国の科学技術には、現代の文明水準をも超《こ》えている部分がありました。後《おく》れている部分もありますが、超えている部分もあったのです。

　この当時、すでに飛行船が発明され、空を飛んでいました。『太陽の法』にもサラッと書いてありますけれども、この飛

アトランティスの都市の風景。映画「太陽の法」（製作総指揮・大川隆法、2000年公開）より。

行船は、長さが二十メートルから三十メートルぐらいのクジラ型のものでした。

この飛行船の上には背ビレのように小型ピラミッドを付けてあり、太陽エネルギーを変換《へんかん》して動力として使い、後尾《こうび》にプロペラを付け、これを回して飛んでいたのです。そして、飛行船の上部には浮力《ふりょく》を起こすガスが入り、下部には何十人かの人が乗っていたわけです。

ただ、太陽エネルギーの変換によって運行していた飛行船であったため、曇《くも》りの日や雨の日には、その飛行船は空を飛びませんでした。

また、海のほうにも、同じく太陽エネルギーを使った交通機関がありました。現在の潜水艇《せんすいてい》に近いものがあったのです。シャチという、クジラに似た大きな動物がいますけれども、これに似た形の潜水艇があったわけです。

この潜水艇の背ビレに当たる部分にはピラミッドが三個ぐらい付いていました。この潜水艇も動力は同じく太陽エネルギーでした。そのため、「時折、浮上しては太陽のエネルギーを吸収し、これを現在の電池のようなものに溜《た》め込《こ》んで、また海のなかに潜《もぐ》る」ということをしていました。

国の内部においては、アトランティスの時代には、現代の民主主義の萌芽《ほうが》はもうすでにありました。こういうかたちで非常に発展していた帝国だったのです。

そこに、一万二千数百年ほど前、トスという名前で、このラ・ムーの生命体の一部が生まれ変わりました。

この方は、「科学者でもあり、政治家でもあり、宗教家でもある」といった方でした。この当時の政治家は、宗教家でもあり科学者でもあり、そういう、いろいろな活動のできる人間が中心になっていたわけです。

このときにトスが説いた教えは、『太陽の法』で言うと、「愛」の部分、それと「宇宙の構造論」、つまり「知」の部分が中心でした。

「心の内なる神の発見」について説いたリエント・アール・クラウド

このトスの生命体は、その後、また転生《てんしょう》していきます。今から七千年余り前のことです。南米のペルーのあたりには、アンデス山脈という大きな山脈がありますけれども、この山中に生まれて、リエント・アール・クラウドという名前を持ちます。

これもラ・ムーの生命体の一部です。

このときにリエント・アール・クラウドが説いた教えはいったい何かというと、「人間の心を原点に戻《もど》そうとする教え」であったわけです。

現在の南米の山間《やまあい》をヘリコプターなどで撮影《さつえい》すると、不思議な幾何学《きかがく》模様等のあることが分かります。みなさんもテレビその他で見たことがあるでしょう。上空から見なければ分からないような模様があるのです。

それはちょうど滑走路《かっそうろ》のような形を取っています。そして、単なる滑走路ではなく、何かを表示している案内のような形を取っているわけです。人間のような形、右手を出しているような形、手を上げているような形などが見えるのです。

古代インカ帝国の風景。映画「太陽の法」(製作総指揮・大川隆法、2000年公開)より。

なぜそういうものをつくったのかというと、「上空からそれを見ている者がある」ということを前提としていたからです。

では、上空からその滑走路を見ていた者は、いったい何であるのか。これは地球人ではないのです。

その当時、すでに、宇宙空間から飛行物体に乗って地球に来ていた異星人たちがかなりいました。そして、リエント・アール・クラウドの時代のインカ帝国においては、「そうした異星人こそが神である」という信仰《しんこう》が流行《はや》っていたわけです。

それに対して、クラウドは、「彼らは宇宙人であって、もちろん、科学技術は進んでいるけれども、われらの文明においても、かつて、彼ら以上の科学技術を持っていた時代もある。したがって、科学技術だけをもって神と称《しょう》するのは早計である」と言い放ちました。

そして、「あなたがたの神は外にはない。神はあなたがたの心のなかにある。心の内にある。宇宙人ではなくて内なる神を発見しなさい」ということを、クラウドは説いたのです。ですから、「人の心が外へ外へと向いているときに、内へ目を向けさせる」という仕事をしたわけであります。

古代のギリシャで「発展・繁栄」を中心に説いたヘルメス

さらに、このリエント・アール・クラウドとして出た生命体は、今から四千二百数十年前、ギリシャの地に生まれます。このときの名前はヘルメスです。

現在、ヘルメスという名前を知っておられる方は数多いと思います。ヘルメスは今は音楽の神のようにいわれていますが、音楽はヘルメスが愛好した趣味《しゅみ》の部分であって、彼の教えの中心ではないわけです。

ギリシャにゼウスという人が出る五百年ほど前のことです。この前段階として、そうした方がヘルメスという名前で出ました。

この人の教えの中心は「繁栄」ということでした。現在も、ヘルメスの教えは「繁栄の法」ということで語り継《つ》がれています。この「繁栄」というのは、すなわち、現在私が言っている「発展」であります。

すでに四千数百年前、ギリシャの地において、この「発展・繁栄」を説いた方がいたのです。

そして、「発展・繁栄」の教えに付随《ふずい》するものとして、文学や芸術、絵画《かいが》といったものが広がりました。こうして、ギリシャという地は芸術的に非常に肥沃《ひよく》な土地柄《がら》となったのです。その五百年後にゼウスが肉体を持ったときに、彼が芸術の神として活躍《かつやく》するような素地があったわけです。このヘルメスの生命体は、もちろん、大きな生命体の一部分ですけれども、この同じ生命体の別な部分が、今から二千六百年ほど前、インドの地に生まれました。これが、みなさんご存じのゴータマ・シッダールタ、釈迦牟尼仏《しゃかむにぶつ》です。

ヘルメスの当時、この生命体は、「発展・繁栄」ということを中心に説いたのですが、「発展・繁栄」を説いたそのあと、ギリシャの人々は、正しい法が遺《のこ》ってい

ギリシャのクレタ島シティアの風景。映画「ヘルメス―愛は風の如く」(製作総指揮・大川隆法、1997年公開)より。

る段階の、しばらくの間は、豊かで平和な暮らしをしていたものの、この教えを誤解し、やがて堕落《だらく》する人たちが出てきました。そして、繁栄から退廃《たいはい》への道を歩んでいったわけです。

「反省」を中心に説いたゴータマ・シッダールタ

ギリシャの民《たみ》のそういう退廃ぶりを見て、ヘルメスの生命体は、「次回は、この逆をやる」ということを天上界《てんじょうかい》において計画しました。

すなわち、ゴータマ・シッダールタとして出て、今度は「解脱《げだつ》」「この世の執着《しゅうちゃく》を断《た》つ」ということを法の中心に据《す》えたのです。

「物質的欲求を追求するなかに本当の人間の幸せはない。本当の人間の幸せは、物質的執着を断ったなかにある。この世的に何らの名誉《めいよ》も地位も金もなくとも、心の王国というものは、誰《だれ》も侵《おか》すことができない偉大なものである」

この教えをインドの地において説いたわけであります。

王子という身分に生まれて、二十九年間、栄華《えいが》のなかに生きてきたけれども、今度は、この栄華を断ち、乞食坊主《こじきぼうず》として出家《しゅっけ》をしました。そして、六年間、山中で修行《しゅぎょう》し、禅定《ぜんじょう》をし、ゼロからスタートして自《みずか》らの悟《さと》りを求めたのです。

「今まで自分が二十九年間持っていた地位も名誉も、人々が驚《おどろ》くような栄華も、何の意味もない。われは一個の人間として呱々《ここ》の声を上げた人間なり。ゼロからまたスタートするのだ。ゼロから始めて、どこまで悟れるか」

これを仏陀《ぶっだ》の生命体は探究したわけです。

そして、三十六歳《さい》になりなんとするころ、三十五年と八カ月ぐらいでしたでしょうか。そのときにピッパラの樹《き》の下《もと》で有名な悟りを開いたのです。

この釈迦の悟りの内容、および、釈迦が悟りを開いて後《のち》、四十五年間、いったい何を語ってきたか、この釈迦の本心については、一九八七年十月十日に小金井《こがねい》公会

インドの霊鷲山《りょうじゅせん》の風景。映画「太陽の法」（製作総指揮・大川隆法、2000年公開）より。

堂で予定されている「悟りの原理」という講演（本書第4章参照）のなかで、すべてを語る予定です。

こうして、その生命体は、ヘルメスとして「繁栄・発展」を説き、さらに釈迦の時代には、「反省」というものを中心に説いたわけです。

「外なる教え」と「内なる教え」の両輪が教えの出発点

今から一万六千年前にラ・ムーが説いた「太陽の法」は、その後、そのように流れてきました。

そして、現在、私もその考えを受け継いで、第一回の講演会（本書第1章参照）でも話をしたように、「幸福の原理」として、まず出発点に四つの道を据《す》えました。この四つの道は、「愛」と「知」と「反省」「発展」であります。

このなかの「愛」の部分と「発展」の部分は主としてヘルメスの教えであり、「知」と「反省」の部分はゴータマ・シッダールタの教えです。この二つの「外なる教え」と「内なる教え」を両輪に据えて出発点としたわけです。
それが、今回、私が最初の理論書として世に問う『太陽の法』の歴史的な流れです。

2 救世の予言

「『太陽の法』が説かれ、人類が救われる」というノストラダムスの予言

この『太陽の法』という書物が、二十世紀の後半に日本の地において出されることは、今から四百数十年前、フランスに出たミッシェル・ド・ノストラダムスという人がすでに予言していました。

みなさんはノストラダムス・ブームを一昔前《ひとむかし》に経験されたかもしれません。このノストラダムスという予言者は、『諸世紀《しょせいき》』という本を書いています。これは象徴《しょうちょう》的な予言詩の詩集です。明確なかたちでは予言をしていないのですが、それらの詩のなかに、未来に起きる、さまざまな事件を暗示しているのです。

ノストラダムスのこの『諸世紀』という予言書は、西暦《せいれき》二〇〇〇年までの予言で

終わっています。しかも、「一九九九年の七の月に大いなる事件が起きる」というようなことを予言していることは、みなさんもご存じのとおりです。そして、「それが人類の終末を意味するかもしれない」ということを、彼は予言的に言っています。

しかし、同じくこの『諸世紀』という難解な詩集には、ある箇所《かしょ》に、「そのままであれば二〇〇〇年にて人類の歴史は終わるかもしれないが、ここに一つの救いがある」というようなことも書かれています。

その救いとは何であるか。彼はこのように書いています。

「東の国にヘルメスが甦《よみがえ》るであろう。そのヘルメスの繁栄《はんえい》が人類を救うであろう。また、東の国にて『太陽の法』が説かれるであろう。このときに降臨《こうりん》する天使人類の子孫《しそん》たちが世を救っていくであろう。これが一つの可能性である。この可能性が成就《じょうじゅ》しなければ、私の予言のとおり、西暦二〇〇〇年にて人類の歴史は終わるであろう。しかしながら、東の国にて『太陽の法』が説かれたときに、人類は新たな黄金の時代を迎《むか》えていくであろう」

彼はこういう予言をしています。

私は、このノストラダムスの予言した、西暦二〇〇〇年以降の歴史をつくるために、今、みなさんの前に出てきているのです。

私は、『太陽の法』の次の理論書として、『黄金の法』（現在は幸福の科学出版刊）という本を出します。このなかでは、人類の過去の光の天使たちの歴史を、西洋、東洋、日本に分けて詳述《しょうじゅつ》しています。

ノストラダムスの予言は二〇〇〇年まで終わっていますが、この『黄金の法』には、「人類の未来史は、どのように展開するか」ということも書いてあります。

これが来《きた》るべき「黄金の時代」であります。これは私だけが説いていることではないのです。

私たちは「黄金の時代」をつくり出すために生まれてきた

本日ここに集まっているみなさんは、これから日本を中心に広がっていく、この「黄金の時代」をつくり出すために生まれてきているのです。

一回目や二回目の講演会で私の前に集まってみえる方々は、偶然《ぐうぜん》には来ないのです。過去、何千年、何万年の歴史のなかで、みなさんは何度も私の声を聴《き》いているのです。現在と同じように、私の前に座《すわ》って私の話を聴いていたことがあるのです。だからこそ、今、ここにみなさんはいるのです。

来るべき「黄金の時代」は、一人や二人の人間の力で拓《ひら》けるものではないのです。二〇〇〇年以降の人類史をつくっていくためには、大きな力がこの日本を中心として巻き起こっていかなくてはならないのです。

私たちは、その最初の歯車を回すために、今、出てきているのです。年内にも、幸福の科学を中心として、日本全国にちりばめられた光の天使たちが集まってくるでしょう。

私は一宗一派を起こすために出てきているのではないのです。そんなことのために出てきたのではないのです。

一宗一派を起こすぐらいならば、私がやらなくとも、日本全国で自《みずか》らを〝メシア〟と名乗っている、新興宗教の教祖たちは山のようにいますから、彼らに任《まか》せておけば、それでいいのです。

私はそんなことのために出たのではありません。本来、唯一《ゆいいつ》の神から分かれた教えを、今、一つに統合し、これからの「黄金の時代」への礎《いしずえ》をつくらんとして出ているのです。

幸福の科学の運動の第一段階――宗教改革

幸福の科学の運動は、第一段階としては、宗教改革のような様相を呈《てい》するかもしれません。しかしながら、私の本心は、他宗を潰《つぶ》したり、他の団体を混乱に陥《おとしい》れたり、「われのみが正しい」として、それを吹聴《ふいちょう》したりするためにやっているのではないのです。

大きなうねりが起きるときには、さまざまな事件があるでしょう。私たちが進んでいくとき、私たちのあとに、さまざまな渦巻《うずま》きが出てくるかもしれません。その渦巻きが他の諸団体を壊《こわ》したり潰したりすることもあるでしょう。

私は予言しておきます。幾《いく》つかの団体が、幸福の科学の活動が活発になるにつれて崩壊《ほうかい》し、潰れていくでしょう（一九九〇年代、実際そうなった）。

しかし、これは破壊のための破壊では断じてないのです。崩壊のための崩壊では断じてないのです。私たちは、「偉大《いだい》なる統合」の前の破壊として、今、「宗教改革」をやっているのです。

この動きは今年（一九八七年）から始まり、これから十年間、主として「宗教改革」の様相を呈するでしょう。そして、この宗教改革の嵐《あらし》は日本全土に広がっていくでしょう。

幸福の科学の運動の第二段階
――「諸学の統合」と「政治・経済・教育・芸術・文学・企業《きぎょう》制度等の改革」

けれども、これが私たちの最終目的ではないのです。これは第一段です。

第二段として、私たちの教えは、さらに日本の国を改革していく運動として起きてきます。「政治の改革」「経済の改革」「教育の改革」「芸術の改革」「文学の改革」「企業《きぎょう》制度の改革」など、根本《こんぽん》からすべてを変えていくのです。

そして、第二段階においては、「諸学問の統合」すなわち「諸学の統合」という動きに加え、宗教を政治の対極に置いていたような、今までの世界観、価値観が百八十度の転回をし、本来中心に座るべきものが中心に戻《もど》ってくるのであります。

「この日本なり世界なりを治める。統治する」というのは、どういうことでしょうか。これは本当は神仏が創った国や世界なのですから、人々は神仏の代理として世の中を治めていかなくてはならないのです。

それは単なる技術や知名度によって治められてよいものではないのです。仏法真理《ぶっぽうしんり》を知った人が人の上に立ち、世の中を指導していかなくて、どうしてこの地上がユートピアになるでしょうか。そういうことは絶対にありえないことです。

十年後から二十年後、この第二次の段階において、幸福の科学の教えは、さらに、宗教以外の、思想以外の、哲学《てつがく》以外の他の領域へと浸透《しんとう》していくことになります。これから数年は宗教団体だけが右往左往《うおうさおう》するのでしょうが、その先はもっと違《ちが》ったものになります。日本の国自体が、もう一度、大きな土台づくりをやっていかなくてはならず、そのための大きな揺《ゆ》さぶりが出てきます。

そのときに、明治維新《いしん》の志士たちのような、ユートピアづくりのための戦士たちが数多く現れてくると思います。今、私の話を聴いているみなさんは、まず「心の教え」を求めて来ているでしょうが、第二段階として、そうした方々も出てくるということを頭に置いてほしいと思います。

幸福の科学の運動の第三段階
――「ユートピア運動」のうねりが日本から世界へ

そして、さらに第三段階へと入っていきます。それは今より二十年から三十年後《のち》です。そのころには、すでに私たちの書物は海外でも出ているでしょうが、宗教的な思想としてのみ海外に出ていくわけではありません。一つの「ユートピア運動」としてのうねりが、日本から世界へと広がっていくのです。

釈尊《しゃくそん》の時代には、残念ながら、釈尊は〝全ヨジャーナ〟を統《す》べる、「全世界」というものをインドでしか見ることができませんでした。それは、時代としての制約があったからです。

インドという地において高き教えを遺《のこ》し、その教えがやがて中国へ、そして日本へと広がっていくことを予想はしていたけれども、その予想はあくまでも予想であって、生きているときに、そうした大きな法を説くことはできなかったわけです。

イエス・キリストにしてもそうです。二千年前にイスラエルに生まれたユダヤの王は、本当は救世主であり、世界を救わんがために出たのであるけれども、残念ながら、時代的制約はイエスの身にも及《およ》んだわけです。

イエスの活動は、イスラエルという地を中心としたものでした。同時代に、他の国々でも、さまざまな人たちが、さまざまな文化をつくり、さまざまな政治を行い、さまざまな教えを学んでいましたが、その教えは彼ら独自の教えであり、イエスの教えは、その異教徒の教えとは違ったものとして受け取られていたのです。

本来、全地球を救う教えを説く人であったとしても、そうした時代でなければ、それを説くことができないわけであります。

今、私たちは非常に恵《めぐ》まれた環境《かんきょう》にあります。

私がこうして語った言葉は、本日お集まりの九百人のみなさんがお聴きになるだけではありません。この私の声は、今、テープに収録されています。これがやがて日本に広がっていくだけではなく、後の世にも遺っていきますし、海外にも広がっていきます。こうした非常に有利な立場にあるわけです。

イエスが二千年前に声を張り上げて語った教えは、いったい何人の人のところまで届いたでありましょうか。あの「山上《さんじょう》の垂訓《すいくん》」を聴いた人が、いったい何人いたでありましょうか。イエスがどれほどの声を出したとしても、わずか千人や二千人の人にしか説くことはできなかったはずであります。

多くの人たちは、彼の姿を遠くから見ているのみで満足していなければなりませんでした。そして、イエスの説いた教えは、不完全なかたちにて、弟子《でし》たちによって後の世に『聖書《せいしょ》』として遺されているわけです。

3　イエスの愛とその限界

イエスが「わが父」と呼び、イエスを中心的に指導していた私

今から二千年前、イマヌエル、イエス・キリストが生まれて、ちょうど三十歳《さい》のころ、バプテスマのヨハネの洗礼《せんれい》を受け、それからイエスが大きな伝道活動を始めたことを、みなさんはすでに知っているはずです。

このときに「十二弟子《でし》」というものが集まってきて、イエスを助けました。彼らはイエスの語る言葉を記憶《きおく》し、さまざまなところで教え、宣《の》べ伝えていったわけです。

イエスが三十三歳になりなんとしていたとき、二十歳になるかならないかの青年がいました。この青年はイエスの行く所にはどこなりとついていき、イエスの身の

回りを心配し、イエスの食事の世話をし、彼の教えを一生懸命《いっしょうけんめい》学び、記憶していました。これが『新約聖書《しんやくせいしょ》』のなかの最初の福音書《ふくいんしょ》を書いた青年マルコです。このマルコこそが（転生《てんしょう》した）善川三朗《よしかわさぶろう》顧問《こもん》です。

このように、さまざまな時代時代に光の指導霊《しどうれい》たちが法を説くのですが、「その法をいかにして弘《ひろ》めるか」という方法論が、各時代時代のいちばん難しいところなのです。

イエスが語ったあの美しい言葉は、残念ながら、三年間の伝道活動において語ったことの百分の一も記録されていません。『聖書』のなかに遺《のこ》っている言葉は、私で言えば、ほんの二、三回の講演分ぐらいです。そのくらいの言葉しか遺っていないのです。

しかし、私は、「イエスは、生まれてから三十歳までの間に、いかなる修行《しゅぎょう》をしたか。そして、三十歳から三十三歳で十字架《じゅうじか》に架けられるまでの間に、どのようなことを考え、どのような教えを説いたか」ということをすべて知っています。なぜならば、そのときにイエスを指導していた指導霊の一人が、現在みなさんの前に立っている、ほかならぬこの私だからです。

現在、私は、イエス・キリストを支援霊《しえん》として、彼とはさまざまな折に話をしています。同様に、今から二千年前、彼にさまざまな方法論を説いていたのは私であります。

イエスはよく祈《いの》りを行いました。朝まだき、まだ世の人々が目覚めていないときに、オリーブ山のなかに入ってひざまずき、天に祈っていました。

このイエスに啓示《けいじ》を与《あた》えた者たちには、例えばエリヤがいました。この人には一九八七年第一回講演でも触《ふ》れたので、みなさんは知っておられるでしょうが、今から二千八百数十年前に出た光の指導霊です。

イエスが当時、「わが主、わがアバ（父）」と呼んでいたのは、エル・カンターレ、すなわち私です。

イエスが「段階的な愛の教え」を説けなかった背景

当時、私がイエスに主として伝えていたことは「愛の段階」です。仏教には「悟《さと》りの段階」があることは、みなさんもご存じのとおりです。しかし、愛にもやはり段階があるのです。

現在のクリスチャンたちは、愛に段階があることをあまり知らないようですが、「愛にも段階があることを、クリスチャンたちに十分に遺せなかった」という事実が、キリスト教と仏教を現在のように二つに分かってしまった理由なのです。

私は当時、イマヌエル（イエス）に、「愛に段階あり。その段階を踏《ふ》んで人間は進化していかなくてはならない。悟っていかなくてはならない」ということをずいぶん話したわけですが、残念ながら、当時イエスを取り巻いていた群衆は、この愛の段階を受け入れるまでには魂《たましい》が成熟していなかったのであります。

十二弟子にして然《しか》りでした。イエスの身近にいた彼らであっても、「愛には悟りに向けての段階がある」ということを知らないでいたのであります。

その理由は、当時、彼らの大部分が、貧しい漁師であったりして、本格的には真理を学んでいなかったことにありました。すなわち、キリスト教の中心に、私たちが今説いている「知」というものがなかったがために、「教えに段階がある」ということを説くことができなかったわけです。

本来、イエスはその手順を踏んで彼らを導いていくことになっていたのです。しかしながら、その前に、予想外の、あるいは予想はされていたと言えるかもしれませんが、必要以上と思われる大きな困難が、彼の前に立ちはだかったわけです。

その困難とは何か。いわゆる「法敵《ほうてき》」であります。イエスの教えを捉《とら》えて、「これは偽《にせ》預言者なり。異説、邪説《じゃせつ》を説く者なり」と名指す人たちが出てきたわけです。この中心をなしたのが、「律法学者」といわれている人々です。

律法学者とは、今から三千百五十数年前にモーセが「出《しゅつ》エジプト」をなし、シナイ山《さん》にて「十戒《じっかい》」を授《さず》かりましたが、その教えをもとに説いていた者たちです。それを金科玉条《きんかぎょくじょう》のごとく奉《ほう》じている人たちは、すでにそれの難解な解釈論《かいしゃくろん》や訓詁学《くんこがく》に陥《おちい》り、「モーセは、あのとき、ああ言った、こう言った」などという解釈論に甘《あま》んじていました。

また、「モーセの教えも時代的制約のなかにあった」ということを、モーセの時代から一千数百年後の人たちは、なかなか理解することができなかったのです。

したがって、「モーセの教えに間違《まちが》いはない。モーセは『一週を七日に定め、日曜日を安息日《あんそくにち》とせよ。安息日には休みなさい。その日に働いてはならない』と言われた」、このようにイスラエル等の人たちは思っていたわけです。しかし、この安息日《にち》、あるいは安息日と言ってもいいのですが、この安息日というものは、神が人間に与えた慈悲《じひ》であったのです。

神は人間に「一週間に六日働きなさい」と言いました。しかし、最後の一日については単に「休め」と言ったのではないのです。「この一日は神のために使いなさい」と言ったのです。

「汝《なんじ》らは、日々、忙《いそが》しく立ち働くなかにおいては、心を澄《す》ませ、神と相対座《あいたいざ》することができぬであろう。したがって、そのように心の統一のできないあなたがたであるならば、一週に一日を休みとせよ。その日を聖なる日とせよ。その日をホリデーとせよ」

「ホリデー」「休み」という言葉は、英語では「聖なる日」「ホーリーデイ（holiday, holy-day）」と書きます。そういう意味であったわけです。

しかしながら、律法学者たちは、イエスたちの教えがあまりにも急速に広がり、燎原《りょうげん》の火のごとくイスラエルの地を席巻《せっけん》する姿をまざまざと見て、脅威《きょうい》を感じたのであります。

「このままであるならば、職業的宗教家である私たちの地位も危《あや》うくなるに違いない。あのイエスによって、われわれの職業まで奪《うば》われてしまうかもしれない」

彼らは、イエスの時代より五百年前に、インドのバラモン僧《そう》が釈尊《しゃくそん》を批判し、排《はい》撃《げき》したがごとく、イエス・キリストを非難し、排撃し、彼の命を狙《ねら》わんとするに至ったわけです。そして、さまざまな機会に、彼を陥《おとし》れるべく罠《わな》を設《もう》けたのです。病人を連れてきて安息日《にち》にイエスに引き合わせます。そして、イエスがどうするかを見ます。イエスがその人を放っておくはずはありません。「明日《あす》まで待て」と言うはずがないのです。

「汝、われを信ずるや」とイエスは必ず問いました。病人は言いました。「主よ、信じます」と。すると、イエスはこう言ったはずです。「汝が信ずるがごとくなれ。汝が信ずるがごとき汝となれ」と。すなわち、「汝が自《みずか》らを神の子と信ずるならば、神の子として立ち上がりなさい」ということを言ったわけであります。

病人は立ち上がりました。イエスが治したわけではありません。神の子が、自らが神の子であることを悟り、神の子のごとく元どおりに戻《もど》ったにすぎないのです。

しかし、それを見た律法学者たちは、「おまえは、神が『安息日には働いてはならぬ』と言った戒《いまし》めを破ったではないか。病人を治したのを見たぞ」と言ってイエスに詰《つ》め寄ります。

イエスは答えました。

「ならば、われは汝に問う。主なる神は、この宇宙を天と地に分けられてよりこのかた、一日たりとも休まれたことがあると思うか。神が一日たりとも休んでおれば、この地球はどうして太陽の周りを回ることができるか。どうして万象万物《ばんしょうばんぶつ》が生かされていることができるか。

あの太陽が、熱エネルギーをわれわれに注ぐことを一日たりとも怠《おこた》ったことがあるか。太陽が安息日を取って一週間に一日休んだことがあるか。

神は、そのごとく、天と地を分けられてよりこのかた、休みなく働きたもうのである。であるならば、神の子である私が、何ゆえに、安息日に病《やまい》に伏《ふ》せる人を導いてはならんのか。

汝らによくよく言いおく。汝らは、安息日に子羊が穴のなかに落ちたとき、その子羊を助けるのを翌日まで待っているのか。羊の命でさえ急いで救わんとするではないか。

ましてや、神の子として最も神近き姿を取っている人間の永遠の生命を救わんとするのに、安息日かどうかは関係がない。

汝ら誤てるなり」

イエスはそのようなことを言いました。それは真理でしたが、その疾風《はやて》のごとき、雷鳴《らいめい》のごときイエスの説法《せっぽう》は、多くの敵をつくったわけです。

イエスは「長く法を説く」よりも「一日も早く救う」ことを選んだ

私は当時、イエスに、「焦《あせ》ってはならぬ。法は段階的に説かねばならぬ。人間は一足飛びに悟ることはできない。おまえは焦ってはならぬ。もう少し待ちなさい。待って、次第《しだい》に人々を教育するところから始めていかねば、イエスよ、イマヌエルよ、おまえの命は三年しかもたない。それでもよいのか」と言いました。

しかし、イエスは言いました。

「わが命は惜《お》しくない。われは一日たりとも、一刻たりとも休むことはできない。

神の子がこれだけ苦しんでいるのに、その苦しみを取り除かずして、いったい何の仕事があるか。バラの棘《とげ》が体に刺《さ》さっているのに、それを除かずして、血の流れるがままにしておく医者がどこにいるか。自分の教え子が転んでいて手を差し伸《の》べない教師がいようか」

彼はそう答えました。彼は自らの命よりも多くの人々の命を取り、それを選んだわけです。

私は、イエスがもっと長く法を説いて、より多くの人々を救ったほうがいいと思ったのですが、彼はそうしたことを待つことができなかったわけであります。そして、一人でも多くの人を一日でも早く救いたいと思い、活動していたわけです。その結果、彼の性急さが彼自身の命を縮めることとなってしまいました。

本来、幾《いく》つかの愛を説いて、人々を悟りの高みまで引き上げることを、彼は計画書のなかに入れていたのですが、意外に早いときに敵が現れてきたわけであります。そして、「法敵との調和」が彼の最大の課題となってしまいました。

彼の毎日毎日の生活は、薄氷《はくひょう》を踏むがごとき、厳しい試練の日々でありました。
みなさんは、バイブルのなかの彼の言葉を覚えておられるでしょう。
「空を飛ぶ鳥には、ねぐらがある。しかし、人の子には、枕《まくら》する所とてない」
鳥にさえ、ねぐらがあるのに、イマヌエル、イエスには、枕する所もなかった。
すなわち、どこもかしこも、彼の命を狙う人々で満ち満ちていたわけであります。
彼は自らをかくまってくれる人の家から家へと、毎日毎日、逃《に》げ回っていました。

イエスが説いた「神への愛」と「隣人愛《りんじんあい》」の二つの愛

彼の愛の教えは、本来あるべきための部分が十分にできませんでした。そして、「汝の敵を愛せよ」という言葉で象徴《しょうちょう》されるように、「二元のなかで悪を打ち消す愛」というものを、彼は教えの中心とせざるをえなかったのであります。なぜならば、彼の身を護《まも》らんとして、弟子たちは法敵と戦わんとしていたからです。

それがために、「汝の敵を愛せよ。そして、汝を迫害《はくがい》する者のために祈れ。自分を愛する者がために祈ったところで、それが何になるか。そうしたことは異教徒でもやっているではないか。わが教えを学んだ者であるならば、汝のために尽《つ》くす者のためだけではなくて、汝を迫害する者のために祈れ。汝を殺さんとする者のために祈れ」という許しの教えが、愛の教えの中心となったわけです。

そして、彼は愛を大きく二種類に分けて説いたのです。

この「許し」という教えの部分は、段階知としては三段階目にあるわけですが、それが「対象物を持った許し」として表れました。

イエスが説いた愛の教えは、「汝の隣人《となりびと》を愛せよ」という言葉と、「汝の主なる父を愛せよ。主なる神を愛せよ」という言葉、この二つの言葉に集約されるようになってきたわけです。

「自らの肉親を愛することは、そう難しいことではない。見よ、動物でさえ、自らの子供は大切にしているではないか。動物にさえできることであるならば、汝ら、そのことに何の努力を感じようか。

父を愛し、母を愛し、わが娘《むすめ》を愛し、息子《むすこ》を愛することは大切である。しかしながら、それは、あなたがたが人間として生まれた以上、当然のことである。

では、あなたがたにとって大事なことは何であるか」

そこで、イエスは「汝の隣人《りんじん》を愛せよ」ということを説いたわけです。

隣人とは何でしょうか。それは「縁《えん》あって人生の途上《とじょう》で出会った人」という意味であります。「たまたま隣に住んでいる人」という意味ではありません。「縁あって人生の途上で出会った人たちを愛しなさい」と言ったわけであります。

そして、これ以上に大切な愛として、「心を尽くし、精神を尽くし、全生命を捧《ささ》げて、汝の主なる神を愛せよ」という言葉を示しました。

「平等の愛」を説くイエス、「段階的な悟り」まで説く釈尊

イエスは、そのように、「敵を愛する」ということをスローガンとして掲《かか》げ、また、「隣人愛」と「主なる神への愛」を説いたのですが、この段階で命を絶たれる

こととなってしまったわけです。

そのため、天上界《てんじょうかい》では、十一世紀ごろ、中世の西洋に聖ベルナルドという人を出しました。そして、「愛にも幾つかの段階がある」ということを説かせたのです。

この人はヨーロッパの有名な聖人であり、神父《しんぷ》でもあります。

このベルナルドは、「愛のなかで最高度の愛は何か」ということについて、「神の手足として奉仕のために生きる愛が最高の愛である」と説きました。

ただ、このベルナルドの教えもまだ十分なものではありませんでした。ベルナルドは、仏教においては、竜樹菩薩《りゅうじゅぼさつ》という、大乗《だいじょう》仏教を弘めた方の生命体の一部ですけれども、このベルナルドも、仏教が悟りの理論をつくったところまでは、愛について、まだ説き尽くすことができなかったわけです。

イマヌエル、イエス・キリストが説いた愛の教えも、釈尊が説いた悟りの教えも、唯一《ゆいいつ》の神から出た教えであるならば、その二つの教えに矛盾《むじゅん》があろうはずはないのであります。

しかし、現在の「他力門《たりきもん》」と「自力門」の対立を見ればよく分かるように、自力門のなかでは、「悟りの段階があり、階梯《かいてい》がある」ということになっているにもかかわらず、他力門では「平等知」、すなわち「平等の愛のみ」を主張しています。このように「差別知」と「平等知」というものが出ているのです。

このうち、仏教のほうでは「差別知」が重視され、キリスト教のほうでは「平等知」が重視されています。そして、これが別な方向性、異なったベクトルを持っているがために、仏教徒とキリスト教徒は、なかなか交わることができないでいるのです。

「山川草木《さんせんそうもく》、土地も川も海も空も、一切《いっさい》が仏性《ぶっしょう》を体現している。すべてに仏性が宿っている」というふうに、釈尊が説いた教えを日本神道《しんとう》が同化していきますが、キリスト教では平等の愛として説いたわけであります。

けれども、釈尊がこの「平等知」と「差別知」の両方を使い分けたにもかかわらず、キリスト教では「差別知」としての段階について語ることができませんでした。

4　愛の発展段階

愛の発展段階①——本能の愛（四次元の愛）

そのため、私は今回、『太陽の法』にもあるように、「愛の発展段階」と「八正《はっしょう》道《どう》」との関連を明らかにしました。八正道に悟《さと》りへの段階があるように、愛にも段階があるのです。

愛のいちばん下の段階は、先ほど言った、親やきょうだい、妻、子供といった身内への愛ですし、男性であれば女性への愛、女性であれば男性への愛、すなわち異性への愛です。こうした愛も愛であることは確かです。しかも、人間の心のなかを八割や九割占《し》めている愛であることも事実です。

ただ、みなさんの大部分は、愛に関し、人から奪《うば》うもの、もらうもの、愛されるものとしての愛を考えているのですが、この「愛されたい」という愛は本当の愛ではないのです。この愛は、釈尊《しゃくそん》が執着《しゅうちゃく》として一蹴《いっしゅう》した「渇愛《かつあい》」「タンハー」、すなわち渇《かわ》きにしかすぎないわけであります。

仏教では「愛」という言葉を「執着」の代名詞のように使っています。そこにある代表的な考えは「男女の愛」に関する苦しみであります。愛を苦しみとして捉《とら》えているのです。仏教が苦しみと捉えている愛は、この「本能の愛」、渇愛、タンハーです。

しかし、イエスも、この愛については、それほど強調したわけではありません。それもあることを認めながら、この上を主として言ったわけです。これが「隣人《りんじん》愛《あい》」であります。

本能の愛は、いわゆる四次元的な愛です。「四次元幽界《ゆうかい》」というところがありますけれども、この本能の愛が悪いほうに出て、「執着」あるいは「渇愛」として展開されたときには、そこに地獄界《じごくかい》をつくっていきます。

地獄界のなかには、「色情地獄《しきじょう》」という、男女の道を誤った者たちが行く地獄があります。四次元のなかの間違《まちが》った人たちは、こうしたところで本能の愛をいまだに学んでいます。

男女の愛や親子の愛のみに生きた人たちであっても、そのなかでもう少し安らぎを得た人たちは、四次元界のなかでも、「精霊界《せいれいかい》」という、いちおう救われた人々の世界にいます。次元段階で言うと、四次元幽界に「本能の愛」が相当するわけです。

ただ、これは、人間が地上を去ったときに、みな等しく還《かえ》る世界です。等しく還る世界である以上、そこへ行くことが人生の目的ではあるわけはないのです。少なくとも最終目的であるはずはないのであります。私たちが求めている世界は「悟りの世界」であり、一段と高い世界であるはずです。

愛の発展段階②――愛する愛（五次元の愛）

それでは、この四次元的な「本能の愛」の一段上にある愛は何でしょうか。それは「五次元の愛」といわれるものです。この五次元の愛のことを「愛する愛」といいます。

「愛する愛」とは「与《あた》える愛」です。「手に入れたい」「愛されたい」という愛ではなくて、「与える愛」の段階に踏《ふ》み入っているわけです。

五次元霊界を「善人界」ともいいますが、ここにいる人たち、五次元の住人は、「愛の本質は、人に与えることである。人に優《やさ》しくすることである」ということを少なくとも悟っているのです。

「愛というものは、好きな人から金銭を与えられることでも、ネクタイを買ってもらうことでもない」ということを知っており、愛についてその程度の理解はできている人が、五次元に還っているのです。

五次元の愛は「隣人愛」です。肉親という、生まれ持っての絆《きずな》によって結ばれている者を愛するのではなく、「縁《えん》あって人生の途上《とじょう》で会った人々、会社のなか、社会での活動のなか、学校のなか、こうしたところで出会った人々を愛する」ということ、これに目覚めることです。これが「本能の愛」の上にある「愛する愛」の段階です。

みなさんも心のなかで愛を考えたことは数多いはずです。生まれてからこのかた、愛について考えなかった人は、このなかに一人もいないはずです。

しかし、みなさんの考えている愛は、渇愛、すなわち飢《う》え渇いている愛なのか、少なくとも、「人に対して優しくしなければならない。親切にしなければならない」という与える愛なのか、これを考えていただきたいのです。

これが現在のみなさんの心の段階がどこにあるかを知る一つの指標であります。これをゆっくりと考えていただきたいのです。

愛の発展段階③――生かす愛（六次元の愛）

五次元善人界の愛に相当する「愛する愛」の上の段階は、「六次元光明界《こうみょうかい》」といわれるところにある、「生かす愛」という段階です。「生かす愛」は他の人々を導く愛です。すなわち、指導者としての愛であり、教師としての愛です。

そうしてみると、他人《たにん》を生かす愛、「他人を生かして、その人の神性《しんせい》、仏性《ぶっしょう》を引き伸《の》ばし、さらに魂修行《たましいしゅぎょう》を高め、その人を導く愛」を与えられるようになるためには、前提条件があるはずです。

この前提条件とは、いったい何でしょうか。「この生かす愛を実践《じっせん》できるのは優《すぐ》れた人でなければ不可能だ」ということです。周りの人に面倒《めんどう》を見てもらわなければならないような自分であっては、他の人々を導くことはできないのです。

これは、イエスが『聖書《せいしょ》』のなかで言っている、「目の見えない人が、盲目《もうもく》の人を導くことはできない。なぜならば二人とも穴のなかに落ちてしまうからだ」ということと同じであります。

人を導かんとする人は、普通《ふつう》の人以上に努力・精進《しょうじん》をし、「自分を磨《みが》く」ということを重視して生きてきた人でなければならないのです。すなわち、この生かす愛の段階にいる人の愛は「リーダーとしての愛」なのです。

この世的に言えば、経営者、教師、芸術家、文学者、医者、裁判官、弁護士、政治家、官僚《かんりょう》など、少なくとも、自《みずか》らを磨いて人から尊敬されるような立場まで高めた人の愛なのです。

ただ、現代において、そうした人たちを見渡《みわた》してみると、残念ながら、本来は導きの愛、生かす愛を実践しなければならない、地位ある人たちが、自らの名利《みょうり》のために、栄誉《えいよ》のために、地位のためにやっているのが現状であります。

心ある経営者が、いったいどれだけいるでしょうか。経営者というものは〝光〟でなければならないのです。従業員たちを導ける人でなければならないのです。人の上に立つ人は、商売がうまいだけではなく、あとからついてくる人たちを導けるような人でなければならないわけです。そういう意味において、「才能」あるいは「器《うつわ》」というものが必要なのです。

みなさんは、今、「本能の愛」と「愛する愛」すなわち「隣人愛」について学ばれたと思いますが、隣人愛は、普通に生活していて出会った人たちとの間に生ずる愛です。

しかし、「生かす愛」は、みなさんが自分自身でしっかりと勉強し、しっかりと仕事に励《はげ》んで、人の上に立ったときに発揮できる愛であり、「指導者の愛」なのです。

したがって、この愛の段階はいっそう難しいものとなってきているわけです。すなわち、この世的にも優れており、才能も持っていて、世の人々を指導している人たちが、「もらう愛」ではなくて「与える愛」を実践した後《のち》、六次元光明界に還っていくのであります。

愛の発展段階④——許す愛（七次元の愛）

しかし、さらにこの上の世界があります。それは私たちが「菩薩界《ぼさつかい》」と呼んでいる七次元の世界であります。

「菩薩」とは、六次元光明界における「自分づくり」が終わった人です。「小乗《しょうじょう》」の段階を終わった人であり、ある程度、自力で悟りを得た人です。

すなわち、心の錆《さび》を落とし、光を出して「阿羅漢《あらかん》」になり、そして、いよいよ不《ふ》退転《たいてん》となり、利他《りた》のために勇気ある第一歩を踏み出し、その実践をし、その実践のなかに自らの身を置いている人たち、他人のために自分を投ぜんとしている人たちがいるのが、この菩薩の世界、七次元の世界なのです。

・「宗教的境地への飛躍《ひやく》」を体験している菩薩の境地

この菩薩の世界の人は、先ほど言った六次元光明界の、「この世的に優れている」

という基準だけではなくて、「もう一段大きな宗教的境地への飛躍《ひやく》」というものを体験しているのです。

人間は、この世的に生きているだけでは、「他人のために生きる」という、大海のような大きな愛に生きることは、なかなかできません。生まれてからの教育や思想、習慣だけでは、それは不可能です。

この境地に至るためには、神秘体験なり、尊師など優れた人との出会いなり、さまざまなものが必要です。それがあって宗教的境地へと飛び越《こ》しているわけです。

こうした方々であるからこそ、「寛容《かんよう》」という心が芽生《めば》えてくるのです。

そして、自分に厳しく「己《おのれ》づくり」をしてきた人であるからこそ、まだそこまで至っていない他人に対して、「本当の意味での優しさ」というものが出てくるのでありえます。そのようにして、この「本当の意味での優しさ」が出たときが、初めて人を許すことができる段階なのです。

・「慈悲《じひ》」の優しい目で見て、他人の悪が小さく見えてくる段階

みなさんは、「与える愛は何とかできそうだ」と思っておられるかもしれません。また、幸福の科学には、大学の先生や医者、会社の社長がずいぶん多く入会されています。この世的に言えば優れた立派な方が会員となってくださっています。こうした方々は、努力すれば、先ほどの「生かす愛」の段階に、そう長い時間がかからずとも至ることができるでしょう。

しかしながら、そうした優れた人であっても、自分の前に立ちはだかる者が現れたときに、その人をイエスが言ったように許せるかというと、なかなかそうはいかないのです。

自分の考えを受け入れてくれる人、例えば、そういう社員たちを愛して導くことはできるけれども、自分の考えを受け入れないような社員がいると、やはり気に食わないのが経営者です。懲罰《ちょうばつ》の対象にしてみたり左遷《させん》をしてみたりしたくもなりま

す。やはり、「自分の考えることを、そのとおり受け入れてくれる人を引っ張りたい」という気持ちがあるのです。

このあたりが「生かす愛」から「許す愛」へと飛躍するための試金石《しきんせき》なのです。「他人を許さんとする段階」は、「他人の悪が小さく見えてくる段階」なのです。

他人が自分と対立する敵のように見えているときには、まだなかなか許せないのです。ところが、自分の器が大きくなり、一段と大きな宗教的境地に飛躍して、大きな光の化身《けしん》となると、この地上で迷える人々を見たとき、釈尊が慈悲《じひ》の目でもって衆生を見たように、優しい目でもって見ることができるのです。そういうことがだんだん可能になってきます。

すなわち、この菩薩の境地は、「許す愛」の段階に入ってきているのです。

相手と自分が互角《ごかく》であっては相手を許せないのです。あるいは相手のほうが強くては許せないのです。相手が自分より強いのに、「相手を許してやる」というのでは、これは負け惜《お》しみになってしまいます。そうでしょう。

「許す」という段階では、自分の境地がそうとう高まっています。だから許せるのです。

・「許す愛」のなかの限界とは

しかし、この段階はまだ最終段階ではないのです。イエスの説いた「許す愛」の上なる段階があるのです。

許す愛の段階では、まだ自らが許しの玉座《ぎょくざ》に上《のぼ》って他人を許さんとしています。人間が人間を許さんとしている気持ちがまだあることも事実であります。

宗教家であっても、自分のことを悪く言う人が出てくる場合があります。そのとき、「そうした人も、理解ができていないのだろうから許してやろう」と思うけれども、この「許してやろう」と思うときに、「相手より高いところにある自分」というものを意識しているのです。これは、「自分が相手より高いところに上っているから、相手を許す」ということです。

先ほどの許す愛の段階の前提条件が、この許す愛の限界になっているのです。「他人より自分が優れているから他人を許せる」という気持ちがあるわけです。「いろいろな批判をする人がいるけれども、その人はまだ悟っていない。まだ分かっていない。自分にはそれが分かっている。だから許してやろう」と考えるのは、確かに大きな気持ちであり、包み込《こ》む気持ちです。しかし、これにはまだ、他人より自分のほうを偉《えら》しと思う気持ちがあります。これはまだ最終段階まで行っていないのです。

この上の段階が「八次元如来界《にょらいかい》の愛」であります。

愛の発展段階⑤――存在の愛（八次元の愛）

如来の愛とは「神仏の光を体《たい》した愛」です。

すなわち、この愛はもう「人間 対 人間」の愛ではないのです。「その人が、今、みなさんの近くにおり、みなさんの時代に生きている」ということ、「その人が、この世に、この時代に出ている」ということ自体が人々に対する愛である、そのような人がいるのです。

これが、歴史に名前を遺《のこ》しておられる偉人《いじん》の愛であります。

人類の歴史を振《ふ》り返ってみると、そそり立つような偉人がいます。

中国で言えば、孔子《こうし》という、中国二千五百年の歴史を背負った偉人がいます。ギリシャでもそうです。二千四百年の歴史を背負った、ソクラテスという偉人がいます。イスラエルの地には、イエス・キリストという愛の偉人がいました。

近年でも、「その人がいたために世界が明るくなった」というような偉人は数多くいるはずです。シュバイツァー博士《はかせ》という偉人もいれば、エジソンという、科学技術で全世界を啓蒙《けいもう》した偉人もいます。

「その人が同時代にいる」ということ自体が人々にとっての愛となる。そういう愛の境地があるのです。

彼らの境地は、「あいつはまだ分かっておらんから、私を批判しておるけれども、許す」というような境地ではないのです。もっと大きいのです。存在自体がもう放射線のごとく愛を放っていて、一対一の愛ではないのです。一対多、すべての者に対する愛なのです。存在自体が愛となるわけです。

みなさんも、「本能の愛」「愛する愛」「生かす愛」「許す愛」という段階を通り越して、次の「存在の愛」の段階に至り、あなたが存在すること自体が人類への福音《ふくいん》となるような存在にならなくてはならないのです。こうした愛を目指さなければならないのです。

それは、「そこに人間としてのあなたが立っているのではなく、光の化身としてのあなたが立っている」というような愛です。「神仏の道具」として、「神仏の手足」として出ておられる方の愛であります。時代をつくるために出ている人の愛であります。こうした愛をさらに目指していかなければならないのです。

最初の「本能の愛」は別として、私が今語った、「愛する愛」「生かす愛」「許す愛」「存在の愛」という、この四つの愛の発展段階が、みなさんの努力目標でもあるわけであります。

愛の発展段階⑥──救世主の愛（九次元の愛）

この上には、もちろん、九次元世界、「救世主の世界」があり、「救世主の愛」というものがあります。これはもっと大きなものであります。

しかし、これは地上に出ている人間が努力目標とする愛ではありません。この「救世主の愛」を説かんとして人々を迷わせているのが、多くの新興宗教の教祖たちです。

ここに至るまでには、愛にも「本能の愛」「愛する愛」「生かす愛」「許す愛」「存在の愛」という段階があり、これを通り越して初めて「救世主の愛」があるのです。そのことを知らなくてはならないのです。

「愛する愛」ができておらず、「生かす愛」も「許す愛」もできておらず、「存在の愛」ともなっていないのに、救世主のごとく法を説く人が人々を迷わせているわけです。みなさんはこの段階を知らなくてはならないのです。

そういうことで、「悟り」の段階に合わせた「愛」について語りました。みなさんも、この四つの愛を一つの努力・精進の目標として、今後、勉強していってほしいと思います。

第3章

心の原理

一九八七年 第三回講演会
一九八七年七月二十六日 説法《せっぽう》
東京都・小金井《こがねい》公会堂にて

1 「心の教え」から始まる

壮大《そうだい》なスケールの法を求める前に、まず脚下照顧《きゃっかしょうこ》し、自《みずか》らを確立せよ

さて、「心の原理」の講演に先立ち、『黄金の法』（前掲《ぜんけい》）が発刊されました。『黄金の法』は「歴史論」あるいは「時間論」です。前回の五月三十一日の第二回講演会「愛の原理」（本書第2章参照）のときに記念出版した『太陽の法』（前掲）が「個の悟《さと》り」と「全体の悟り」をミックスした仏法真理《ぶっぽうしんり》の基本書であったのに対し、『黄金の法』は一つの「歴史書」であり「光の天使の歴史」であったわけです。

なぜ、今、このような本を出さなければならないのでしょうか。

これは、私がみなさんの前で説いている教えというものが、歴史的に見て、いったいどういう意味を持っているのかという土台をはっきりさせたいからです。日本

に数多くある新興宗教の一つをつくるために出てきているのではないのです。

『黄金の法』を読めばお分かりのように、私たちの使命は、今回の文明において、過去、いろいろなかたちで百花繚乱《ひゃっかりょうらん》のごとく発展・繁栄《はんえい》してきた文化・文明というものを、今、二十世紀の末《まつ》に一堂に会し、総決算をし、さらに二十一世紀以降の人類の歴史をつくるための序曲を奏《かな》でるところにあるわけです。そうした「大きな土台」というものがあって、私たちのこれからの「法」があるということ。これを知ってほしいわけです。

何度も言っていますように、幸福の科学では「土台から柱へ、内から外へ」ということを大事にしています。なぜならば、砂上の楼閣《ろうかく》というのは、いくら立派に見えても、一瞬《いっしゅん》のうちに崩《くず》れていくからです。それは、個人個人の問題もそうですが、幸福の科学のような団体、あるいは法の理論というものもまた同じであります。基《き》礎《そ》をつくらずして、その上に立派なものはできないのです。

本年三回目の講演を迎《むか》えるに当たって、すでに出ている書物は二十冊になります

（説法《せっぽう》当時。二〇二四年四月現在、三千百五十冊以上発刊）。二十冊ではまだ足りないのです。法の基礎固めのためにはまだ足りないのです。もっと要《い》るのです。年内に合計二十数冊までは出す予定ですが、そのあたりで、ようやく法の基礎、法の輪《りん》郭《かく》というものが明らかになってくるのです。

幸福の科学には、他の宗教の信者や講師もそうとう多く入会しています。当会は寛容《かんよう》の精神でもって会を運営していますので、その人の職業や肩書《かたがき》は一切《いっさい》関係なく、「真剣《しんけん》に学びたい」という気持ちがある人は、誰《だれ》でも受け入れているわけです。

ただ、例えば、生長《せいちょう》の家《いえ》の方などが、最初、幸福の科学に入られたときには、生長の家の理論である「万教帰一《ばんきょうきいつ》」の理論と「幸福の科学の理論」とは軌《き》を一《いつ》にしていると思って入ってきているわけですが、日を経《へ》るにつれて違《ちが》いがだんだんに分かってきています。その万教帰一を説いた谷口雅春《たにぐちまさはる》理論も、幸福の科学のなかでは、ほんの一部にすぎないということが明らかになってきたわけです。

なぜならば、幸福の科学では、『黄金の法』に書いてあるように、ここ五千年の歴史というものも明確にしていますが、それ以前の人類の草創期からの歴史、さらに、地球ができたときからの歴史、人類が地球に住む以前からの歴史を前提にしているからです。

ただ、私が、今述べたいこととしては、こうした「壮大《そうだい》な法」「壮大なスケール」「壮大な構想」といったことも大事ではありますが、その大きな法のロマンに酔《よ》う前に、みなさんはまず脚下照顧《きゃっかしょうこ》し、自《みずか》らの足元を見なければならないということなのです。

自らの確立ができておらず、自らの心というものを見分けておらずに、いくら人類の歴史を知ったところで、いくら人類が地球に来る前の歴史を知ったところで、過去の偉人《いじん》のことを学んだところで、それだけの知でもってしては、みなさんはいっこうに進歩しないのです。

まず「心」あってこその「知」であると知れ

幸福の科学では、本年三月八日の第一回講演会「幸福の原理」において、幸福の基本原理として「愛・知・反省・発展」という四つの原理を据《す》えました。また、五月には、この最初の原理である「愛の原理」について話をしました。

そうであるならば、本日の講演会は、本来は「知の原理」について話をしなければならないところです。しかしながら、「知の原理」というものも非常に宏大無辺《こうだいむへん》であり、ロマンであるとか、法の壮大性、宏大無比《むひ》であるところばかりに目が行き、そうした知識ばかりを追い求めていくようになると、残念ながら、知っても知っても、人間の向上というものはないのであります。まず、「心」あってこその「知」であるということを知らなければならないのです。

幸福の科学の基本理念としては、「愛・知・反省・発展」という四つの原理の前に「正しき心の探究」ということを挙げているはずであります。これがいちばん肝《かん》心《じん》なのです。過去の歴史を知らずとも、偉人たちの教えを知らずとも、最低限のこととして、「正しき心とは何か」ということを、みなさんにはつかんでほしいのです。これが、出発点における「個の悟り」です。

やはり、教えというものは、仏陀《ぶっだ》の時代から同じく、「個の悟り」あっての「全体の悟り」であるわけであります。個人が自分を磨《みが》いて磨いて磨いて、そして自分の限界を超《こ》えてきたときに、初めてその目が自分から外へと向いていくのです。「自分から他人《たにん》へ」「他人から世界へ」、そして「目に見える世界から目に見えない世界へ」。このように動いていくわけであります。

『黄金の法』第3章「悠久《ゆうきゅう》の山河」のなかに、「思想として見た釈迦《しゃか》仏教」ということを簡単にまとめておきましたが、釈迦の教えも「利自即利他《りじそくりた》」(自利利他《じりりた》ともいう)、自分を利し、その過程において他を利していくという教えでありました(この「利自」は利己主義や自己保存の意味ではなく、「自分を鍛《きた》え」、「自分を耕す」という意味である)。

それは、人間は、基本的に、「自分自身の生き方」と「自分自身の生き方が招来した結果」に対し、まず責任を取らなければならないということです。

幸福論は、「一般的《いっぱん》な幸福」というものがあって、「個人の幸福」というものがあるわけではないのです。みなさん一人ひとりが、まず自分自身のことを見つめ、自分自身の思いと行いに関し、その結果に関して、自信を持って責任を取らなければならないわけです。そうでなくして、どうしてお互《たが》いに他人を幸福にしようとして歩くのでしょうか。お互いに他人の頭の上に止まったハエを追い回しているのでしょうか。まず自分の頭の上のハエを追わずして、人の頭の上のハエを追うことばかりに心をとらわれてはならないのです。

したがって、幸福の科学では壮大な知の体系をつくっていくのですが、みなさんの最初の修行《しゅぎょう》目標は、まず「心の教え」にかかわることです。やはり、これが七割から八割であるという姿勢を忘れないでください。いくら歴史を知ったとしても、みなさんは悟れないのです。自分というものを見つめ、自分の悟りを得て、初めて大きな視野を持ち、さらに壮大な、宏大な、偉大な人格となっていくのです。そうしたプロセスというものを決して忘れてはならないのです。

2 心の本質と構造

「正しき心の探究」で、魂《たましい》が本来持つ自由さを取り戻《もど》す

それでは、「正しき心」とはいったい何でしょうか。このことについて、さらに話をしていかなければならないと思うわけです。

幸福の科学の入会資格、会員の会員であるための資格は、「自《みずか》らの正しき心を日々探究する姿勢を有すること」です。

では、その正しさとはいったい何なのか。何をもって正しいというのか。正しさとは、「これが正しく、これが正しくない」という意味での正しさか、それとも、もっと奥《おく》のある正しさであるのか。そのことを私たちは知らなければなりません。

今、幸福の科学で説いている「正しさ」とは、本来の人間が持っていたところの

正しさであります。悠久《ゆうきゅう》の昔から、無限の昔から私たちが与《あた》えられていた、そのような心を取り戻《もど》すという、その目標が、「正しき心の探究」という目標であるわけです。

本来、人間というものは、はるかなる昔、魂《たましい》によって創られた時期は異なっているものの、平均的に見て、今から数十億年前に創られたと考えてもよいでしょう。そのころに、銀河のある場所で偉大《いだい》な神の光が散乱をして、さまざまな光子体というものに分かれていったのです。それが人類を創るための最初の歴史だったわけです。

その光の粒《つぶ》は、個性のあるものとして散らばったのですが、やがて独自の意識を持って、それぞれの生命の過程というものを自分自身で味わうようになっていったのであります。

そこで、私たちが想起《そうき》しなければならないことは、「われわれがどこから出てきたか」「出てきたときに、どのような念《おも》いを、どのような性質を、どのような理念を宿していたか」ということです。

幸福の科学ではさまざまな霊言集《れいげんしゅう》等のなかで、「天上界《てんじょうかい》にもさまざまな世界がある」ということを語っています。また、みなさんに知らせているわけです。

ただ、私たちは、天上界に現にある理想世界を地上界に現出するためだけに出ているのではないのです。天上界に現にある姿とてまだ完全ではなく、われわれが悠久の昔に満喫《まんきつ》していた「魂の自由」から見ればはるかに不自由な世界を、天上界においても、現在、展開しているのです。

それゆえに、われらは今、新たな歴史の折り返し地点に立って、悠久の昔に得ていた「魂の自由」を、「魂の本質」を取り戻さなければならないわけです。

自らの心の内には「すべての世界」が含《ふく》まれている

それでは、その魂の本質、心の本質とは、いったいどのようなものでありましょうか。どのような心が、みなさんにとっての本来の姿なのでしょうか。その本来の姿を取り戻すために、どのようにして「正しさ」というものを探究しているのでしょうか。しなければならないのでしょうか。ここが肝要《かんよう》な点です。

「神は、本来、光である」といいます。ただ、その光は、単なる照明の光とは違《ちが》い、さまざまな属性というものを持っているわけです。

その属性のなかには、一つには「愛」があります。一つには「慈悲《じひ》」があります。一つには「知」があります。一つには「繁栄《はんえい》」があります。さまざまな属性というものがあって、ダイヤモンドの面のごとく多面的な光というものを散乱させているのです。

世の多くの指導者たちは、このダイヤモンドの輝《かがや》き、七色の輝きを説明し尽《つ》くすことができずに、その一面のみを語っているわけです。

しかし、「ダイヤモンドの本質とは何か」ということを、私たちはしかとつかまなければならないのです。このダイヤモンドの本質をつかむことが、みなさんの魂にとっての今後の修行《しゅぎょう》の方向となるからです。

これは、決して自分の外にあるものではないのです。

「四次元以降の世界というのは、自分の目に見えぬ世界であって、どこか上空にそういう世界があるのではないか。目には見えないけれども、高度五百メートルか千メートル、五千メートル、一万メートルのところに、そうした魂の境涯《きょうがい》があって、私たちは肉体を脱《ぬ》ぎ捨てたときに、そうしたところへ行くのではないか」というようにお考えかもしれませんが、そうではないのです。そうではなく、自らの心の内に、「すべての世界」が含《ふく》まれているのです。

この基本的な真理について分かっている人は、本日お集まりの千人近い人々のなかには、私が見るところ、残念ながら、まだ一人もいないのです。

みなさんは、「心、心……」と思っている「心」というものを、単なる風船玉か何かのように、自分の胸のなかにぽっかりと入っているもののように考えているわけです。そして、「その風船玉のようにぽっかり入っている心がさまざまに歪《ひず》んでいるから、この歪みを見つけて直さなければならない」というように考えがちなのです。ただ、そこまで考えるだけであっても、普通《ふつう》の人から見れば、かなり進んだ人であることも事実です。

しかしながら、心の本質とは、断じて、胸のなかに転がっている風船玉のようなものではないのです。

ただ、私たちが霊的な目を持ち、ある程度の霊視《れいし》ができるようになったときに、人間の心というものは、初めは風船玉のようなものに見え、そして、その風船玉のようなものが、さまざまに形を取って動いているように見えるものではあります。

心の偏《かたよ》りをつくる「感情」「知性」「理性」「想念」の領域

私は、いろいろな人の心の姿というものをよく見ています。ただ、そうした心の姿は、その人の本質、心の実相そのものではありません。心の実相が外面的に現れた姿を、そのように霊視できるわけです。

そして、霊視をしたときに、心の状態が調和された人であれば、丸い丸い満月、ボールのような形をしているのですが、心が偏《かたよ》っている人は、そのボール型の心がさまざまに歪んでいるのです。

例えば、ある人は、そのボールのなかでも「感情」の領域が非常に膨《ふく》らんでいます。

また別の人は、「知性」の領域だけが非常に膨れているわけです。例えば、真理というものを、学者のように学問的にのみ追究して三十年、四十年、あるいは五十年、六十年の人生を生きてきた人は、その知性の領域だけが歪んだようになっているのです。

これ以外に、「理性」の領域というのもあります。冷徹《れいてつ》な目で見るのはよいのですが、何かそこだけが異常に発達していて感動のないような人もいます。そうした人たちは、この理性の面が異常に出っ張った心の状態になっているわけです。

それ以外にも「想念」という領域があり、霊視をすると、心のボールのなかの上の部分に乗ったかたちになっているわけですが、この部分でも、さまざまな想念感情というものをつくり出している人がいます。人間の最大の苦しみをつくっているものは、人目《ひとめ》にはボールのように見える心のなかの「想念」の部分なのです。

幸福の科学の霊言集は「心は脳にない」ことの証明

心というものは、現代医学で言われているように、大脳の皮質のなかにあるわけではないのです。脳みそのしわのなかに心はないのです。残念ながら、本当は脳のなかで物事を考えてはいないのです。脳の領域はコントロールタワーなのです。いわゆるコンピュータルームです。コンピュータの部分なのです。

このコンピュータが司令塔《しれいとう》としての役割を果たしているため、コンピュータ部分である脳が損傷を受けた人は、行動がおかしくなったり、言動がおかしくなったり、判断がおかしくなったりすることがあるわけです。しかし、壊《こわ》れた「コンピュータ」の部分と、コンピュータを動かしている「操縦士」、あるいは「インプッター」の部分とはまた別なのです。

なぜ、心が脳にないか。脳みそにないか。脳のしわのなかにないか。

こうしたことを、みなさんはまだ半信半疑で捉《とら》えているかもしれません。宗教家のような人たちのなかには、「ああ、頭と心は違うのだ。心のなかにすべてがあって、頭というのはそんなものではない。それは、知性的、知識的な判断だけをしているのだ」というように考える人もいるかもしれません。

ただ、私は、あるいは私たちは、実証として、心は頭のなかや大脳のなか、大脳の皮質にないことをはっきりと確信しているのです。その確信の根拠《こんきょ》は、みなさんが読んでいる霊言集のなかにあるのです。

どんな人が読んでも、それぞれの霊人《れいじん》の個性が違うことが分かるはずです。

また、読み方によっては、霊人たちの考えは相互《そうご》に矛盾《むじゅん》しているようにも見えます。意見が違っているところがあるのです。ただ、違っていながらも、それなりの正しさというものを有しているわけです。こうした違いがあります。これが、もし、私個人で考えているものであるならば、私はそうとう多目的な頭脳を持った人間でありましょうが、実際上、そうしたことを考えてはいないのです。「霊人の考え」と「私の考え」は違うわけでありあります。

みなさんは、すでに二十冊近くの霊言や本を読んでいるでしょうけれども、そのなかではさまざまな方が、さまざまなことを言われています。

キリスト教系の本を読めば、これは本当かもしれないと思う。神道《しんとう》系の人の本を読めば、これこそ本当かもしれないと思う。仏教系を読めば、これこそ真理かもしれないと思う。こうして、だんだん〝消化不良〟になっていくわけであります。あまり真理がいっぱいあって、「どれを取るか」と言われたら、難しいものがある。

ただ、彼らの考えは、私の考えとは一致《いっち》していません。本質的には一致していますが、すべてイコールではないことも事実なのです。すなわち、私の脳、この脳の皮質といいますか、大脳を通して、もちろん判断したり考えたりしているわけですが、私とは違った考えが出てくるのです。

それは、ある霊人が、「体が灰になって焼かれても、自分としての個性ある考え方ができる」「霊言として送っている内容は、大川隆法の考えとは違う」と明言しているとおりです。

すなわち、「脳というもの、肉体というものを焼かれても、その人の生前の念いと個性、意識が残っている」という事実が、「心は脳にはない」ということの証明であるわけであります。その証明として、幸福の科学では、霊言集を通し、その個性の違いというものを強調しているのです。

3　心・魂《たましい》・霊《れい》の違《ちが》い

広い定義を持つ「霊」、人体的な形を取る「魂」、魂の中核《ちゅうかく》部分の「心」

「『心は脳のなかにない』ということは分かった。確かに、あなたの言うように、私たちが悲しいときには胸のほうから涙《なみだ》が込《こ》み上げてくるし、感動したときにも喜びは胸のほうから来て、頭からは来ないという事実は確認ができる。だから、心というのは頭の領域ではなく、胸のあたりにあるらしいというようなことは想像ができる」

そこまでは納得《なっとく》する人も数多いと思います。

では、「心」は脳ではない、つまり、コントロールタワーではない「心」とは、いったいどのようなものなのでしょうか。先ほど述べたボールのような球体の形を取ったものをもって「心の本質」と言いうるかどうか、これ以外にも実体があるのかどうかということについて、さらに話をしていきたいと思います。

私たちは、「魂《たましい》」とか「霊《れい》」とか「心」といった言葉を、わりあいと無批判に使用しています。あるときには、そうした言葉が同一の意味を有しているように使われており、別のときには、異なった使われ方をしたりしています。

例えば、新聞で「あなたは、霊というものを信じますか」というアンケートを取れば、「信じる」という人は、二十パーセントぐらいしかいないわけです。「もしかしたらあるかもしれない」「そういう可能性も感じる」という人が、五割を超《こ》すか超さないかというパーセンテージです。

ところが、「みなさんは、『心』というものはあると思いますか」と訊《き》くと、九十九パーセント以上の人が「心はある」と答えるのです。あるいは、「人間に『精神』というものはあると思いますか」と訊くと、これも、たいていの人が「あると思う」というように答えるわけです。

それは、言葉の外見的な響《ひび》き、外面的な響きというものにずいぶんとらわれていて、本当の実体というものを知らないのです。

「心」は、人間の魂の中核《ちゅうかく》部分なのです。中心部分なのです。「魂」と「心」は、物体的に見てまったく重なるものではありません。「霊体《れいたい》」はまた別にあるわけです。その中心部分に「心」というものがあり、それを外面的に霊視《れいし》すると、私の目には、ちょうど直径三十センチぐらいのボールのように見えます。そうしたものが中心にあるのです。そして、人体と同じ大きさの魂が、肉体のなかにすっぽりと入っています。

さらに、「霊」という言葉があります。では、「魂」と「霊」とは、どう違《ちが》うのでしょうか。

結局のところ、「魂」ははっきりと人体的な形を取っていて、その人のアイデンティティーがある部分を「魂」と呼んでいるわけであります。

ところが、「霊」の場合、定義としては「魂」よりさらに広くなってくるのです。

動物や植物の霊はどのようなものか

人間と動物とでは、また話が違ってきます。動物の場合、人間ほどには個性化が進んでいないわけです。そのため、動物の意識のレベルによっては、集合霊のようになる場合もあります。

例えば、犬が肉体生命を失って地上を去ったときに、霊となってしばらくは犬の形をして生活していることもあるのですが、転生輪廻《てんしょうりんね》の過程でその意識の個性化がかなり進んでいる場合には、犬の霊のまま生活をしていることもあれば、個性化がまだ十分に進んでいない場合には、ある意味での「集合霊」のような形のなかに吸収されていくこともあるわけです。

すなわち、犬の霊が天上界《てんじょうかい》において何十体かの霊体として集合していくことがあるのです。似たような意識を持ったもの同士が集まり合って、一つの集合概念《がいねん》としての、似たような意識体の犬の霊というものをつくることがあります。そして、必要に応じて出てくるということがあって、このときに、個性というものが失われる場合があります。

また、植物においても同様です。

みなさんはなかなか信じられないかもしれませんが、植物にも魂というものがあります。植物の魂を私が霊視すると、ちょうど小人《こびと》のような形で、人間のような姿《すがた》形《かたち》をしているのです。そのように小さなものでありますが、実際に、おとぎ話やメルヘンのなかに出てくる妖精《ようせい》のような形をしています。目もあるし、鼻もあるし、口もあります。語りかけることも可能です。魂としては、そういう形を持っているのです。

彼らも地上を去って天上界に還《かえ》りますが、個性化が進んでいる花というのは、そう多くはありません。草花の場合には、個性化がそれほど進んでいないため、天上界においても、だいたい群生して共同生活をしているのです。

ところが、植物のなかでも、例えば、樹齢《じゅれい》何百年もの大きな木が神社等に立っていますが、そのくらいの木になると、個性化がそうとう進んできているわけです。

そして、神社で何百年かの生涯《しょうがい》を送ってきた木であれば、その間、神社にまつわるさまざまな歴史というものを見てきて、「人間的なる意識」というものをかなり刻み込んでいます。そうなると、あの世に還っても、その木は木の意識として、個性あるものとして生きているわけです。こういう場合があります。

4　心の世界の段階と霊的《れいてき》自覚の進化

四次元幽界《ゆうかい》――地上の人間と同じような姿で生活する

前節では、動物と植物の霊《れい》について簡単に述べました。

それでは、人間の場合はどうでしょうか。人間の場合には、さらに複雑な面があるのです。

魂《たましい》というものは、肉体のなかに等身大ですっぽりと入っているものでありますが、大部分の人は、地上を去ったあともしばらくは手足があり、目鼻口、それから頭がある姿で生活しています。しかし、やがて、「魂にとって手や足などは、なければならない必需品《ひつじゅひん》であるというわけではない」ということに気づく人が出てくるのです。

魂となってあの世に還《かえ》っても、四次元幽界《ゆうかい》というところに住んでいる人たちは、まだ人間と同じような生活をしています。手足があって、足が地面についていないと、なかなか納得《なっとく》がいかず、そうしないと落ち着かない人もいます。なかには、地上時代と同じように、三度の食事をしてみたり、夜になったら眠《ねむ》たくなったりするような人もたくさんいるのです。それはまだ、肉体というものを通して自分を把握《はあく》しているような意識であるため、まだこうした手足や目鼻が付いていないと安心ができない人たちなのです。

五次元善人界――手足がなくても存在できると気づき始める

ところが、五次元、六次元、七次元、八次元というように、霊界《れいかい》の上段階へと進んでいくと、事情が少しずつ違《ちが》ってくるのです。

五次元善人界は、心の善なる人が還っていく世界であり、ここでは調和された人たちが生活していますが、このあたりでも、生活の九割ぐらいはまだ人体様《じんたいよう》の魂というものを用いて修行《しゅぎょう》をしているのです。

しかし、時たま、彼らは不思議な体験をし、こうした道を歩かなければならないような存在、あるいは、高い所から飛び降りると死んでしまうような存在の自分ではなく、思った所に自由自在に行けるということを意識的に体験し始めるわけです。

これが四次元に住んでいる人であれば、まだ偶然《ぐうぜん》にしかそういうことはありません。さまざまな霊からの導きによって、偶然に自分が思った所へ姿を現したり、「あの人と会いたい」と思ったら、そういう人が出てきたりするような経験をするのですが、五次元の人になると、ある程度、意識的にさまざまな行動ができるようになるわけです。

そして、そうした行動をしているときに、「もしかすると、手や足がなくても、自分という意識は存在しうるのではないか」ということを、漠然《ばくぜん》とではあるけれども、彼らは経験するのです。

これが、魂が「霊」としての自覚を持ち始めるころなのです。

しかし、五次元においては、まだ手や足といった人体というものにとらわれていて、例えば、身長一六三センチで亡《な》くなった人は、一六三センチのままでいないと、どうも気が済まないということがあるわけです。

六次元光明界《こうみょうかい》——肉体意識を拭《ぬぐ》い去って、真理の学びを深める

六次元光明界《こうみょうかい》へ来ると、多少、話が変わってきます。

この世界にもさまざまな意識の段階がありますが、ここにいる人の条件は、「自分たちが神仏の創られた世界のなかで生きていること」「この世界を統括《とうかつ》しているのが、神仏から流れ出した真理であること」を、はっきりと確信しているということなのです。

そして、この真理について魂の学習をしている人たちが、六次元光明界には多数いるわけです。

そのなかで、彼らはだんだんに地上的な意識というものを拭《ぬぐ》い去っていきます。

すなわち、肉体的な意識を拭い去っていくわけです。そして、自分たちが学んだ真理に基《もと》づいて、いろいろなことを試みるようになってくるわけであります。

例えば、「念」ということについての話を聞かれたことがあるかもしれませんが、この「念」に関し、各人が本格的に探究心を起こし、研究心を起こし始めるのは六次元のころなのです。

・「自分の念じたものがその世界に現れる」という経験

この境涯《きょうがい》に達した魂たちは、自分たちが地上の人間のような、有限の力しか持たないものではないことに気がついているのです。そして、そのなかでは、さまざまな念についての学習も行われており、先生役の光の天使がいて、「念《おも》いの本質とは何であるか」ということを教えてくれるわけです。

例えば、「自分の念じたものがその世界に現れる」ということを、まず経験します。

今、私の演台の上には水の入ったグラスがありますが、六次元光明界の人たちは、念の性質によってこうしたものをつくり出すことができるということを知識として知っているのです。学ばされているわけです。

したがって、「こんなグラスが欲《ほ》しい」と思うと、念によってグラスを演台の上に出せるといった経験をしているのです。

四次元、五次元の人は、そういうものが偶然にポッと出てくるような経験をしてはいるものの、意識的な努力としてそういうことができるところまでは確立できていません。

ところが、六次元光明界に行くと、グラスを出そうと思えば出せるということが分かります。これを経験すると、次には「模様付きのグラスを出す」ということを考え始めます。模様付きのグラスを出せるようになって、次には、「水が出せないか」と考えると、グラスに水が入るわけです。さらに、入った水を飲んでみると、水の味がするので、「どうやら、これは地上時代に経験した水と同じだな」ということが分かるわけです。

このようにして、自分の念によって水やグラスといったものをつくれることが分かります。

こういう経験を何十年か何百年かしていくわけですが、しばらくすると、水やグラスだけでは面白《おもしろ》くなってきて、「もっと違うものをつくってみよう」と考え始めます。

女性であれば、やはり衣服もだいぶ気になってくるわけです。「これは、もしかすると、自分が思ったとおりの衣服などもつくれるのではないだろうか」ということに気がつき始めます。そして、このことに凝《こ》り始めるわけです。

例えば、水玉模様の衣装《いしょう》というものを考えてみると、最初は失敗してだんだら模様になってしまったりします。「おかしい」と思い、しかたなく、しばらくは白のブラウスを練習していくうちに、模様のないブラウスについてはできるようになります。さらに、スカートもだんだん自分の好みのデザインを思ったとおりにできるようになります。そこで、今度は水玉模様の、例えば数を考えてみて、「二十個ぐらい水玉を付けてみよう」と考えて出してみると、十七個しか出てこず、「あと三個はどこに行ったのかな」などと考えるわけです。こういう練習をし始めます。

そして、「どうやら、念の性質によって、外のものではなく、自分の身の回りのものもつくれるらしい」ということを勉強していきます。

そのあと、「服がつくれるなら、もっとほかにもつくれるものがあるのではないか」などということも考え出します。女性なら、「じゃあ、おまけにネックレスも出てこないかな」と考え、真珠《しんじゅ》のネックレスを出す練習をするわけです。ところが、修行の進んだ人がつくれば見事なネックレスができるのに、修行が進んでいないと、どうもうまくできないという、こんな勉強もやっています。

このあたりまで来ると、次にはこんなことを考えます。

「これまでは、鏡に映っている自分の姿が、昔、地上で見たときの姿と一致《いっち》していないと落ち着かなかったけれども、もしかすると、この自分の姿も変えられるのではないか。いろいろな形を取れるのではないか」

そして、衣装だけではなく、自分の姿まで、念えばだんだん変化してくるということを、彼らは知り始めるわけです。

例えば、地上では標準サイズの体で満足していた自分が、「もしかしたら、もう少し大きくなれるのではないか」と考えるとします。そして、二メートルぐらいになれるのではないかと考えてみると、体が二メートルぐらいにスーッと大きくなってくるのです。すると、今までよりも、家や花や木が小さく見えます。しばらく二メートルの姿であたりを歩いていると、だんだん気持ちが悪くなり、怖《こわ》くなって、元のサイズに戻《もど》ってしまうのです。初めての経験はこんなものです。

しかし、しばらくすると、「もうちょっと大きくなってみようか」という感じで病《や》みつきになってきます。そのうち、体だけでなく、「手を伸《の》ばそうとすれば伸びるのではないか」と思ってみると、やはり手が伸びるのです。首が伸びるのは気持ちが悪いですけれども。そういう経験をします。

そのなかで、六次元にいる人は、「『五体満足』とはいうけれども、地上のときに経験した五体というのは、どうやら自分の本質ではないらしい」ということに、だんだん気づいていくのです。

・自由自在に姿を変え、職業・専門分野に関して、地上の人の指導を任される

六次元世界になると、霊としては高級霊の段階に入るため、学習の過程で、「あの世で自分の修行をしているだけでは十分ではない。おまえたちは地上の人々の指導もしなさい」と言われます。

「六次元よいとこ一度はおいで」ということで、四百年も五百年もいさせてはくれません。「あなたがたは、七次元の菩薩《ぼさつ》になる前の六次元にいるのだから、まずは自分たちも人助けの勉強をしてみなさい」ということで、上級の霊からそういう指示が出るわけです。そこで、「では、こちらの生活にも慣れたから、ちょっと、

人助けもしてみたい」ということで、地上人の守護霊《しゅごれい》や指導霊を任されることがあるわけです。

この守護霊・指導霊という言葉は、今、非常に多義性をもって語られているので、みなさんも一様にはつかみかねていると思います。

「守護霊」とは、簡単に言えば、自分自身に関係のある魂だと思っておけば間違いありません。

また、「指導霊」とは、専門的な才能を持った霊のことです。地上の人を特に指導する必要があるときに、そういう霊がつくことがあるわけです。

地上にいる本人が四次元、五次元あたりである普通《ふつう》の魂である場合に、六次元の人がつくというのは「指導霊がつく」ということであり、それによってさらに高次な判断ができるようになります。

六次元の人が指導するときには、例えばどのようなことをするのでしょうか。六次元の人は専門家が多いわけです。その人が学者であれば、論文のテーマのようなものを地上の人にインスピレーションで与《あた》えてみたり、詩人であれば、海岸などを歩いているときに、思わぬ着想や詩の言葉を降ろしたりします。画家であれば、絵についてのインスピレーションを与えます。絵にはそのような部分がそうとう大きいでしょう。こういうものを与えているのです。

そのようなことを仕事にしている人がいるのですが、それは六次元の人であることが多いわけです。職業であるとか、専門に関しての指導をしているのです。

彼らは、あの世でだいぶ練習をしていくうちに、そうしたことを地上へも指導し始めます。すると、彼らは、自分の本質が肉体的な五体ではないことを知っているので、地上人を指導するなかで、〝神様のような姿〟を取って現れることがあります。地上人のなかに霊視《れいし》のできる人がいるようなときには、ネクタイをし、背広を着て出てきたのでは、やはり指導霊といっても、あまり格好がつかないので、それなりの神様のような雰囲気《ふんいき》をつくろうと思えばつくれるわけです。例えば、間違っていない宗教のところへ出るときには、根本《こんぽん》の神様のような姿、神姿《しんし》を取って出てくることがあります。このように、だんだん自由自在になり始めるわけです。

それから、『永遠の法』（幸福の科学出版刊）にも入っていますが、六次元の裏側には「仙人界《せんにんかい》」や「天狗界《てんぐかい》」という世界があります。この世界へ行くと、表側の世界よりももっと自由自在な変化《へんげ》の能力、神通力《じんつうりき》を勉強しているところがあります。彼らは、さまざまなものに姿を変えるような練習もしています。

ここで人間以外のものになると、これが本質であるということを知るようになります。これが、「魂」が「霊」としての自覚を持ち始めるころなのです。

七次元菩薩界――時折、人間という自覚を忘れ、「意識だけ」となって人々を救う

五次元、六次元から、さらに七次元菩薩界へ行くと、「霊の本質は肉体的なものではない」ということを、もっと経験し始めます。

彼らは「菩薩」というだけあって、さまざまな人たちを救う愛の行為《こうい》というもの

をなしているのですが、非常に忙《いそが》しいわけです。非常に忙しいので、いろいろな役割を分担しなければいけません。

そのため、人間のように五体を持って活動していると、なかなか不自由なところがあります。自分自身が修行をしているときにはそれでよくても、それ以外のときには、もう少し働きやすいかたちになっていることがあって、あるとき、自分が肉体を持っているものではなく、「念そのもの」になっていることに気づくことがあります。

例えば、菩薩のなかでも、医療《いりょう》系団では病《やまい》を治したりしているところもありますが、彼らは病を治すことに忙しく取り組むうちに、気がつくと、自分の体がなくなっていることがあるのです。

「医療活動で援助《えんじょ》したい」という「意識」としてだけ自分が働いていることに気がつきます。一日で言えば、朝の八時から夕方五時までの八時間、身を粉《こ》にして一《いっ》生懸命《しょうけんめい》働いているうちに、「ふっと気がつくと、人間という自覚を忘れていた。『意識だけ』として自分は愛の行為をしていた」ということに気がつき、ハッとわれに返るわけです。そうすると、元の姿に戻るのです。

そのようなことを断続的に経験するようになってきます。菩薩というのは、だいたいこういう霊認識をしているわけです。

八次元如来界《にょらいかい》――「人間は肉体的なものではない」と自覚し、「役割意識」として活動する

ところが、この菩薩の修行がさらに進み、八次元如来界《にょらいかい》へ入っていくと、また一段、意識が高くなります。みなさんは、「魂」や「霊」というものを、地上的な認識でもってしか分からないでありましょうけれども、八次元如来界に入ってくると、もはや、「人間は肉体的なものではない」ということをはっきりと知っているのです。

菩薩の段階では、個人の生活のようなかたちがまだ残っていて、肉体のときのよ

うな姿を取っているのですが、八次元如来界においては、少々様子が違ってきます。例えば、地上人がその世界を知ろうとすれば、「木もあれば、山もあり、家もあり、人間もある」というような認識をするわけですけれども、本当は、彼らはそういう意識でもっては生活をしていません。ある意味で、法意識、法としての意識に目覚めているわけです。そして、自分の「役割」を中心に働いているのです。個性あるいは個人といった人間中心の働きではなく、彼らは「役割」を中心に活動する意識になってくるわけです。

では、如来の意識とはどのようなものなのでしょうか。

霊天上界《れいてんじょうかい》には七色のプリズム光線があるということを、私はさまざまなかたちでお教えしています。例えば、愛の光線である白色光線があります。また、モーセの光線のような赤い光線、リーダーシップを取る指導者の光線があります。あるいは、自然や調和などを司《つかさど》る緑色の光線もあります。さらに、孔子《こうし》など、秩序《ちつじょ》の光線である紫色《むらさきいろ》光線のなかにある方もいます。こうしたさまざまな光線のなかにあります。

　実は、彼らはそうした「意識」として働いているのです。ただ、地上の人々に通信を送ったり、その姿を現すときに、人間としての生活をしている姿を取っているわけです。そして、「カントの霊言《れいげん》」のなかにあるように、時折、読書をしたり散歩をしたりするような個人としての意識も、部分的には持っています。彼らにも個性はまだ残っていて、個人として楽しむという余裕《よゆう》があります。しかし、仕事の部分、一日のうちのいちばん重要な部分は、「意識」としてだけ働いているわけです。

　そういったことを認識できるようなところまで、霊として進化してきています。要するに、八次元如来界では、いわゆる「魂」というものではなくなってきているということなのです。だんだん、そういう「役割意識」になってきています。時折、昔の記憶《きおく》を思い出し、人間のような姿を取って生活をすることもあるのですが、「役割意識」が中心になってきます。

　『太陽の法』にも述べられているように、八次元如来界の悟《さと》りとは、実は、「一即《いっそく》多《た》・多即一《たそくいつ》」の悟りなのです。これは、京都学派の哲学者《てつがくしゃ》である西田幾多郎博士《にしだきたろうはかせ》な

●「カントの霊言」　現在は『大川隆法霊言全集 第9巻』（宗教法人幸福の科学刊）に収録。

ども言われている哲学的な用語でもあります。彼らは、一人であって五人、五人であって一人、十人であって一人、一人であって十五人といった認識ができるようになっているのです。「この自分がどれだけの作用をすることができるか」という認識ができるようになっているのです。

如来の世界とはこのようなもので、人間的な一対一ではなく、必要な作用の数だけの分霊《ぶんれい》が持てるようになってくるわけです。

ここに来るまでに、四次元、五次元といった魂の境涯を経《へ》て、あるときは地獄《じごく》も経験するなど、いろいろなことをしながら霊の本質というものを学んでいくのです。そして、「役割」としてだけ働ける段階まで高まってきます。

九次元宇宙界――多目的人格を取ることができ、「法の源《みなもと》」ともなる大如来の意識

この上にあるのが九次元という世界でありますが、この世界においては、さらに

意識が拡大していきます。八次元如来界では、同一目的での分霊というかたちで現れてきますが、この九次元の意識体になると、多目的人格を取ることができ、しかも一つの大きな本流となってくるわけです。

例えば、九次元の大如来の意識はダムのようなものなのです。イエス・キリストであるとか、ゴータマ・ブッダであるとか、モーセであるとか、そうした名前で呼ばれるダムがあるわけです。このダムのなかに、貯水池のなかに、特色ある河川《かせん》の水がすべて溜《た》められているわけです。

彼らは、必要とあれば、いろいろなかたちでこれを放流していくのです。このダムの水が東京都に流れたり、茨城《いばらき》県に行ったり、千葉県に行ったりと、さまざまなかたちで流れ出していくようなものなのです。

これが「法の源《みなもと》」であり、ダムであるのです。

こうした意識ですから、みなさんには分かりにくいと思いますが、『孔子の霊言』のなかにあるように、私たち九次元霊は、「本体一、分身五」というような、そん

●『孔子の霊言』　現在は『大川隆法霊言全集 第15巻』（宗教法人幸福の科学刊）に収録。

なものではなく、本当は分かれようと思えば一万人にでも一億人にでも分かれられるものなのです。

すなわち、もはや、人間としての意識はそうとう薄《うす》れているということです。ただ、生前、地上に肉体を持っていたことがあるがために、必要とあれば個性ある意識を出せるというだけであって、本来の姿というのは、実は利根川《とねがわ》の上流にあるダムのようなものであるわけです。

しかし、そのダムはダムではあっても、幾《いく》つかのダムにたたえられている水の成分が多少異なっているのです。

ですから、地上にいる私たち、個性ある肉体に宿っている私たちというのは、言ってみれば、この大きなダムから流れ出して川を下《くだ》り、河口のあたりに辿《たど》り着いた水の粒子《りゅうし》ぐらいの個性にすぎないのです。その程度の差があるわけです。

そして、この九次元の大如来の姿が、そうしたダムのようなものであるならば、根源の神の姿は、さらに人間的ではないものであることを理解できるのではないかと思います。

5　正しき心の探究

魂《たましい》の本質は「開無限《かいむげん》、握一点《あくいってん》」

今回、まず心の姿というところから探究を始めましたが、心というものの本質は、実はもっともっと偉大《いだい》なものであるということにつながっていくわけです。

最初は人体のような魂《たましい》だと思っていたら、人体を超《こ》えた霊的《れいてき》な意識になり、この霊的意識はさらに大きくなっていき、やがて役割だけになる。役割を超えると、ついには源《みなもと》だけになっていく。

このように遡《さかのぼ》っていくにつれて、やがて本当の姿というものが分かってくるわけであります。

以上が「心」と「魂」と「霊」ということに関する話であります。

では、あの世の多次元世界はともかくとして、翻《ひるがえ》って、私たち地上の世界に生きているものとしては、いったいどうすればよいのでしょうか。役割としてだけ活躍《かつやく》している「究極にはダムのようなものがあるのは分かった。役割意識として天空を飛んでいるものがあることは分かった。ただ、私たちは、そうした役割意識として天空を飛んでいるような存在ではなく、やはり有限の肉体に宿っている私たちである。そういう事実のある私たちであるならば、では、どのようにして自分の本質をつかみ、それを日々の生活に生かしていけばよいのか」

この問いに対する答えがなければならないわけです。

ここで、魂の本質というものを、「無限に広がっていく生命エネルギー体」として理解するのも必要なことではありますが、そのように「開無限《かいむげん》」、開けば無限となる意識はまた、握《にぎ》れば一点となるわけです。これを「握一点《あくいってん》」といいます。

魂あるいは霊というのは、開けば宇宙大です。「宇宙即我《そくわれ》」のような無限となりますが、これをまた縮めれば一点の芥子粒《けしつぶ》のようになります。ただ、私たちは自分の意識を芥子粒とまでは把握《はあく》できませんので、やはり、この五尺、六尺の人体に宿った自分の意識というものを管理していかねばならないわけです。そうすると、私たちの等身大に宿っている「魂」を管理するためには、まず、この中核《ちゅうかく》である「心」の部分の管理をしなければならないということなのです。

正しき心の探究①――心のバランスを取る

では、心には、どのような領域があるでしょうか。

このなかには「感情」あるいは「感性」の部分があります。また、「意志」の部分があります。さらに、「知性」の部分や「理性」の部分といったものもあります。

したがって、自分の心を見つめるときには、まず、心を構成しているそれらのもののバランスが取れているかどうかということが、「正しき心の探究」のチェックの第一点です。これは、「自分の心のバランスを再確認せよ」ということです。

例えば、「感情」の領域がやたらと膨《ふく》らんではいないか。朝から晩まで、自分の気持ち、感情だけが膨らみ、揺《ゆ》れていないかどうか。自分が感情だけの人間になっていないかどうか。こういう確認があります。

次に、「意志」の領域があります。これは自分の意図することを実現しようとする気持ちです。この意志というものも非常に大事ではありますが、これが固まってしまい、他の人々の意見を寄せつけないような自分になっていないかどうか。意志が堅固《けんご》であるのはよいけれども、「ゴーイング・マイ・ウェイ」だけで、他の人々の心が分からないような自分になっていないかどうか。「鋼《はがね》のような意志」は結構だけれども、これが決して曲がれないような「不自由な意志」になっていないかどうか。

また、「知性」の領域があります。知性においては、「真智《しんち》」、すなわち仏教で言うところの本物の智慧《ちえ》まで行っていればよいのですが、宗教家、牧師《ぼくし》、あるいはお坊《ぼう》さんなどが、昔の聖書《せいしょ》等を訓詁学《くんこがく》のように読んでいたり、仏教家が本当は魂の先生であるべきなのにもかかわらず、いつの間にか漢文の先生のようになっている自分を発見するのではないでしょうか。そうした智の部分が曲がり、ねじ曲げられて肥大している自分というものがないかどうか。これも知らなければなりません。

あるいは「理性」の領域もそうです。理性というのは、人間の人生行路をうまく司《つかさど》っていくための羅針盤《らしんばん》の役割を果たすものでありますが、この理性の部分ばかりがやたらと発達していくと冷たい人間になっていきます。他人《たにん》の行動ばかりを分《ぶん》析《せき》し、「あの人は、ここが間違《まちが》っているからこうなっている」「あの人は、そのうち、こうなるよ、ああなるよ」というように、いわゆる批評家のような冷静な目だけでもって見ている人もいるでしょう。私たちは、本来、魂においてはきょうだいであり、一体であり、神仏の子であるという事実、温《あたた》かい血が流れているという事実を忘れ、理性のみでもって物事を見、人々を見るようになったりします。

このように、私たちの心のなかにある「感情」の領域、「意志」の領域、「知性」の領域、「理性」の領域といった、それぞれの領域のバランスが取れているかどうか。これが〝まん丸いボール〟になっているかどうかを第一点として確認を頂きたいのです。日々、これを確認してほしいのです。これが「正しき心」の一つであります。

正しき心の探究②――想念の曇《くも》りを取る

では、「正しき心の探究」の第二点は何でしょうか。

今、述べたように、さまざまな領域に分かれた心というものが、一つのボールをつくっているのですが、ゆがみや歪《ひず》みがあるため、これを釣《つ》り合いの取れた〝丸いボール〟に戻《もど》すという努力、つまり、「心のバランスを取ること」を第一点として挙げました。

第二点は、この心の上にかかっている想念の曇《くも》りを取ることです。この〝丸いボール〟の上部に想念の部分があるわけです。これが、世に言う「想念帯《そうねんたい》」の部分でありますが、心のボールの上位部分にあるわけです。そして、この想念帯のあり方自体が、実は、みなさんの人生行路の幸・不幸を分けているのであります。

みなさんは、さまざまな書物のなかで、こういう思いは「よい思い」、こういう思いは「悪い思い」ということを学んできたはずです。例えば、人に対する優《やさ》しい気持ち、人に対する親切な気持ち、いたわりの気持ち、愛の気持ちといった心は、素晴《すば》らしい善なる心であるということを教わっているでしょう。

しかし、「愚痴《ぐち》」、「怒《いか》り」、「妬《ねた》み」、「嫉《そね》み」といった否定的な感情や、他人を生かすこともなく、自《みずか》らも究極において生かすことがない「利己主義的な思い」、「自己保存欲」、「自己保存の想念」、こうした想念の誤りというものが、私たちの心の上にかかっている想念帯に曇りをつくるわけであります。

そして、この想念帯における曇りが、太陽の光のごとき神仏の光というものを遮《さえぎ》っているのであります。

太陽がどれほど照らそうとも、簡単なものでもって太陽の光を遮ることができるという事実を、私たちは知っています。

外には太陽の光が燦々《さんさん》と照っていても、屋根の下に入れば、その光は通ってきません。

神仏の心の念《おも》いの本質とは、「尽十方無碍光如来《じんじっぽうむげこうにょらい》の光」、すべてのものをあまねく照らす光であると言われています。それは生命のエネルギー体としては遮りなく、尽十方無碍光ですが、ただ、光が光である理由は、光というものは遮ることができるという物理的性質を備えていることもまた事実であるということであります。

『黄金の法』にも書いたとおり、神仏の光のなかには「親和性」と「排他《はいた》性」というものがあるのです。神仏の光は、その光に内在されている要素に対応するものには「親和性」を示し、それと対応しない否定的なるものと出合うと「排斥《はいせき》性」を示し、排斥されたり曲がって通ったりするという法則があるのです。

この法則が、結局、「想念の部分の問題」となっているわけであります。みなさんは、自分の想念によって〝屋根〟をつくることができるのです。

なぜ、想念の屋根がつくれるのか。それは、みなさんの本質自体が分かれてきたもとなる神仏と同じ「創造の自由」を持っているからです。天上から降り注いでくる光も、神仏の光、神仏のエネルギーでありますが、この屋根をつくっているエネルギーもまた、神仏の子であるみなさんの創造のエネルギーなのです。同じものがやっているのです。

したがって、その創造のエネルギーによって「自由」というものが保証されている以上、いろいろな屋根をつくることが可能であるわけです。

人間は四十年、五十年、六十年の人生行路において、心の歪み、悪《あ》しき思いが知らず知らずのうちに集積されることによって、「想念の曇り」「想念の屋根」というものをつくっていきます。そして、この想念の曇りが神仏の光を遮っていくのであります。

遮ると、どうなるか。みなさんの人生行路を守護《しゅご》・指導霊《しどうれい》が正そうと思っても、その導きの光が自らの心の曇りによって遮られるわけであります。そうしたときに、暗くジメジメしたところを自ら欲《ほっ》しているのです。知らず知らずのままに、自らそんな暗いところに入っているということを知らないままに、自らの心に曇りをつくり、光を遮っているのであります。

したがって、私たちが「幸福になる原理」は、この想念の曇りは自分自身がつくったものである以上、これを自分の力で晴らさざるをえないのであります。

みなさんが自分の家のなかを汚《よご》したときに、自分たちで家のなかを掃除《そうじ》せずに、いったい誰《だれ》がやってくれるのでしょうか。役場に電話をしたら、清掃員が来て家のなかを掃除してくれるのでしょうか。そうではないはずであります。自分自身が自分の家のなかの汚れを清掃しなければいけないのではないでしょうか。そういうことです。

苦悩《くのう》の原因は他人にはない――自ら反省し、素晴らしい心を取り戻せ

ある宗教団体のなかには、「神はすべての人を救われる方なのだから、この世における人生行路に現れる苦悩《くのう》というものは、過去に集積された業《ごう》、カルマが消えていく姿なのだ」というような教えを説いている人がいますが、苦悩が現れているの

は、その原因を自分自身がつくっているからなのです。

自分自身がつくった原因でもって想念の曇りをつくり、この想念の曇りが、「太陽の光」を、「神仏の光」を遮っているから、守護・指導霊の指導を受けることもできず、黒いままで間違った人生を送り、地獄《じごく》に堕《お》ちているわけです。

苦悩の原因は、他人や外部にはないのです。自分がつくっているのです。自分がつくった苦悩であるならば、自分が汚した部屋であるならば、自分が掃除しないかぎり、決してきれいにはならないということを、みなさんは知らなければならないのです。それは、祈《いの》りによってはきれいにならないのです。絶対にならないのです。

間違ってはいけない。神仏の愛というものは、そんなものではないのです。

「みんな、勝手に生きていい。どんなに間違っても、どんなに苦悩が来ても、そんなものは消えていくものだ」というものではないということを、みなさんは魂の底から知らなければならないのです。

苦悩の原因とは、自らの心のなかにつくった想念の曇りであり、この曇りを晴らさないかぎり、絶対にみなさんは神仏の子としての正しい生き方はできないのであります。自らが自らの選択《せんたく》によってつくったこの誤りは、今世《こんぜ》において、生きているうちにみなさんが自分の努力によって反省し、修正していかないかぎり、絶対、他人によっては救われないのであります。そこを間違ってはいけません。これが根《こん》本《ぽん》であります。

今日の「幸福の原理」のなかの一部分である「心の原理」として、私は簡単に二つだけ言っておきたいのです。

一つは、「心のバランスに気をつけなさい」ということです。

もう一つは、「自らの想念の曇りは、自らそれを見いだし、自ら反省し、自ら取り除いて、元どおりの素晴らしい心を取り戻しなさい。それ以外に、本当にみなさんが幸福になる道はない」ということです。

この二つを知ってほしいと思います。

第4章

悟《さと》りの原理

一九八七年 第四回講演会
一九八七年十月十日　説法《せっぽう》
東京都・小金井《こがねい》公会堂にて

1　真理への情熱

狭《せま》き扉《とびら》を押《お》し開けてでも入ってきた初期の会員の「熱意」

一九八六年の十月六日に幸福の科学を発足《ほっそく》させてから、一年の月日が流れ去りました。この間、幸福の科学の動きは、主宰《しゅさい》（現・幸福の科学グループ創始者 兼《けん》総裁）をしている私が思っている以上の大きなうねりとなってきたように思います。

「会員は最初の段階では増やさない」という方針でやっておりましたが、日を重ねるにつれ、次から次へと門を叩《たた》く人の数が増えてきました。入会願書を用いて、いわゆる入会試験をやっていますが（説法《せっぽう》当時）、私が読み切れないほどの入会願書が来る日も多くなってきました。

また、「最初の二、三年は、世間《せけん》にそれほど目立たないように活動したい」と念じていたので、私たちは、「できるかぎり地味にやっていきたい」と思っていたわけですが、今、幸福の科学に来る手紙などは、一月《ひとつき》に三千通、五千通というような量になってきました。

できるかぎりいろいろな方の考え方を知ろうと思って、私も手紙を読ませていただいていますが、残念ながら、八七年の四月以降はお返事ができない状況《じょうきょう》になってきました。

この動きを、今後、二年、三年、五年、十年、二十年という大きな視野のもとに考えてみると、これは、よほどしっかりとしたビジョンのもとに骨格をつくっていかなければ、私たちの運動はエネルギー量が大きいからこそ、自《みずか》らの出したエネルギーによって翻弄《ほんろう》されていく危険性が非常に強いと感じました。そこで、私は今、勇気を持って、厳しい姿勢を打ち出してやっているわけです。

会員のみなさんは、すでにお気づきと思いますが、幸福の科学は非常に厳しい団体であろうと思います。しかし、厳しい反面、非常にレベルの高い団体になってきたと感じています。

入会願書という制度により、「十冊以上の書物を読まなければ、まず入会の基本条件を満たさない」という方針を打ち出し、みなさんが書いた願書を私が直接判定していますが（説法当時）、それでも、入会される方を見ると、どの方もどの方も、私たちの書物を二十冊以上すでに読んでおられます。二十冊以上読み、入会願書を書いてくる人の熱意はすごいものです。私たちが会員を増やしたくないと思っても、扉《とびら》を押《お》し開けてでも入ってくるのです。この力はすごいものです。

初期において、ストイックな運営をしていた理由

また、なかに入られた会員のみなさんの努力・精進《しょうじん》も大変なものであります。幸福の科学では、まず五月研修をやり、八月に初級セミナー、九月には中級セミナーを行いました。そして、私は、五月以降、会員のみなさんが書いた、いわゆる真理に関する文章、つまり答案を一枚一枚読んで講評を書かせていただいておりますが、

感じることは、毎回毎回レベルが上がってくるということです。非常な熱意です。ものすごいです。安易な採点をすると全員が合格してしまうような、そうした熱意であります。

私が、こうした試験制度を導入している理由は、すでに会員の方には何度も言いましたが、「幸福の科学は、まず最初の段階において活動のモデルをつくる」という方針で進めているからです。「最初の千人、二千人、三千人という段階において、今後、幸福の科学の展開すべき活動のモデルをつくる。モデルが出来上がるまでは、できるだけストイックに運営していく」という方針でやっているわけです。

会員数が何万人にもなったときに、会員一人ひとりを私が個人的に指導することはできませんので、「現在いる会員のレベルを上げることによって、彼ら一人ひとりを指導者に変えていく」という方針でやっているわけです。

幸福の科学という団体が宗教団体であるのか、そうでないのか。これについては、まだ法律的には決まっていない状況ですが、宗教的なる系統を引いた団体という感じはあると思います（説法当時。一九九一年に宗教法人格取得）。

しかし、他の宗教団体を見たとき、こうした試験などをやっているところは非常に少ないでしょう。幹部の登用などにはやっているかもしれませんが、一般《いっぱん》会員に対してはやっていないだろうと思います。

2　新たな価値基準の樹立

悟《さと》りの段階と対応させた「初級・中級・上級セミナー」

なぜ、そういうことをやっているのでしょうか。

会員のなかにも、その意図が分かっている人、分かっていない人、半分ぐらい分かっている人と、いろいろといます。

私の考えは、こうです。例えば、八月に行われた初級セミナーでは、合格ラインとして、七十点という線を引きました。どういう基準でもって、みなさんの努力を見ているかというと、幸福の科学の初級レベルというのは、だいたい四次元精霊界《せいれいかい》から五次元善人界に入れるあたりの悟《さと》りの段階なのです。五次元レベルの悟りの段階で、初級の線を引いているわけです。

中級の線は、どのあたりでしょうか。点数としては八十点で線を引いていますが、私たちはどういう目で見ているかというと、だいたい六次元光明界《こうみょうかい》の悟りに入りかかっている人が、中級の合格者ということであります。そのあたりで設定しているのです。

上級セミナーの線の引き方はどのあたりでしょうか。ここでは、いわゆる阿羅漢《あらかん》の状態に達した人あたりが、上級の合格者になるような基準をつくっています。

まだこれは最初ですから、試行錯誤《しこうさくご》の域を出ていませんが、私が今まで見てきたかぎりにおいては、おそらく八割以上の確度、確率でもって、この悟りの段階は当たっているであろうと思います。

悟りにおいて、「学歴、地位、年収、年齢《ねんれい》、男女の性別」は一切《いっさい》関係ない

毎回、いろいろな答案を書いていただいていますが、いちおう序列というものがついています。それを見てみると、七割から八割ぐらいは相関性がはっきりと出て

います。成績優秀者《ゆうしゅうしゃ》を出しても、たいてい七割ぐらいは同じメンバーが出てくるのです。そうでない人を見ても、そう変わりません。毎回そう変わらないのです。点数化したものですが、これはいったい何を示しているのでしょうか。これをみなさんにも考えていただきたいのです。私も考えているのです。

それはいったい何かというと、結局のところ、「法を求める強さ」「悟りを求める熱意」が結果として出ているということです。これは明らかです。

成績の優秀な人は、そんなに頭のよい人ばかりであるかといえば、必ずしもそうではないのです。結果を見ると、この世的な頭のよさ、学歴、地位、年収、年齢《ねんれい》、男女の性別などは一切《いっさい》関係がないのであります。関係がないけれども、一見、無秩《むちつ》序《じょ》に見える人々が、一定の実力を持っているということがはっきりと出てくるのでありますこれはいったい何でありましょうか。

幸福の科学という団体は、ストイックな運営方針を取っているために、どうやら社会的な信用がついてきたようで、例えば、一九八七年の八月下旬《げじゅん》から九月十日ぐらいまでに入会した人を見ると、その間に国立大学の教授が五人も入っています。そして、彼らの住所を見てみると、大学の研究室になっています。それで申し込《こ》んでいる人がいるのです。つまり、胸を張って申し込んでいるわけです。どうやら、それだけ信用がついてきたらしいということが分かります。

それ以外にも、医者が非常に多いのも特徴《とくちょう》です。また、会社の社長が非常に多いのも特徴です。高級官僚《かんりょう》が多いのも特徴です。そういう人たちがずいぶん入ってきています。

こうした人たちは、この世的に言うと、非常に頭のよい人たちだろうと思います。医者でも、国立の医学部を出ている方ですから、たいへん頭のよい人であろうと思うのです。

こういう方であるから、セミナーなどを受ければ、さぞかし成績がよいだろうと思えば、そうではないのです。残念ながら、上へ行けないのです。ところが、成績上位者のなかに、家政婦をやっている中年の女性とか、一主婦とか、大学を出てまもない人とか、こういう人がけっこう出てくるのです。

頭のいい方から見ると、その理由が分からないのです。「なぜそうなるのか。おかしい。これだけ自分は頭がいいはずなのに、どうしてそうなるのか」と、やや理解がいかないようです。

実は今、「新たな価値尺度」をつくろうとしているために、そうした疑問が起きてくるのです。みなさんは、この地上にすでにあり、世に受け入れられている尺度を当然と思っているけれども、世の中で通用している尺度は、あの世の目から見たら、当然ではないのです。

しかも、〝価値のピラミッド〟というものがあるとすれば、ピラミッドが引っ繰《く》り返ったかたち、すなわち逆三角形をつくっている場合も非常に多いのです。神仏の目から見たら、まったく値打ちのないことをやっている人、そういう生き方をしている人が、この世的には最高に尊敬を集めるようなこともなきにしもあらずです。

世の人々は、「いったい何が本当に価値のあることで、何が価値のないことか」

ということが、本当の意味で分かっていないのです。

その一つの流れとして、「とにかく有名になればよい」という思考もあると思います。「テレビに顔が出ればよい」という考えもあります。「名前が売れればよい」という考えもあります。あるいは、「人が尊敬するような一流の会社に入ればよい」という考えもあります。

しかし、一流会社に入った人と、三流会社に入った人は、あの世に還《かえ》ったらどうなるかというと、そこに相関関係はないのです。まったくありません。むしろ逆になる場合もあるのです。

イエスは、「幼な子のようでなければ、天国の門は開《ひら》かない」と言いました。ところが、セミナーなどを受けている人の声を聞いていると、若い人などが成績優秀者に出てくると、「そんなはずはない」と言う人がいます。「自分は、この道三十年、宗教遍歴《へんれき》をしてきた」「五十年やってきた」「その自分の悟りより、若い人が上であるわけがない」と考えがちなのです。

　ところが、天国の門は年齢に関係ないのです。経験を積んだ人が高いところに行き、若い人が下のほうに行っているかといえば、そんなことは全然ないのです。男性は上で、女性は下かといえば、それはずっと上のほうの世界はそうかもしれませんが、平均的な人間の行くところで言えば、男女の性別も必ずしも関係がないのです。ご主人のほうが威張《いば》っているから、ご主人が高い霊界《れいかい》に行き、奥《おく》さんのほうが下に行くかというと、そんなことはないのです。逆転というのはいくらでもあります。

「ご主人が一流会社の重役をやっていて、奥さんは三十年間、平凡《へいぼん》に主婦業をやっていた。そして、あの世に還ってみたら、奥さんは光明界に還っていて、ご主人は地獄界《じごくかい》や精霊界に行っていた」というようなことは、いくらでもあるのです。この世的には分からないのです。

　このように、男女の性別、地位、学歴などの一切が通用しないのが、本当の世界の価値基準なのです。

「法に基《もと》づいた価値基準の樹立」が、私の主たる仕事

ただ、この価値基準については、長い間、いろいろな指導者によって、その基準の片鱗《へんりん》がさまざまなかたちで見せられてきましたが、統一あるかたちでの価値基準を見せられたことは、いまだかつてないのです。

私自身は今、地上に肉体を持っていますが、地上にいないとき、すなわち天上界《てんじょうかい》での私の仕事はいったい何かというと、結局、「法に基《もと》づいた価値基準の樹立」です。これが私の主たる仕事なのであります。

この世的には、例えば、仏教の勉強をした人、キリスト教の勉強をした人、神道《しんとう》の勉強をした人、あるいは、そうしたこととはまったく関係なく、経営者として生きた人、学者として学問を追究した人、平凡にサラリーマンとして生きた人、農業で生きた人、漁業で生きた人など、いろいろな人が、いろいろな思いといろいろな行いでもって、一生を生きてきたわけですが、彼らがどのようなかたちの一生を送

ったとしても、神仏の目から見たら、「一定の価値尺度」のなかに必ず収《おさ》まることになっているのです。

それでは、その「価値尺度」はいったいどこにあるのでしょうか。どういう心を持った人が、菩薩《ぼさつ》と言えるのでしょうか。どういう心で生きた人が、光明界の人間だと言えるのでしょうか。職業にかかわりなく、性別にかかわりなく、年齢にかかわりなく、その基準をいったいどうやって決めているのでしょうか。実は、これを決めているのが、私自身の本当の仕事なのであります。これを長年、私は天上界でやってきたのです。

今、私は地上に肉体を持って生きていますが、私が今、地上界にあって、みなさんと共に生きているということは、「二十世紀後半の時代において、神仏の目から見た本当の価値尺度はいかなるものであるかを示すことが、まず、一つの大きな仕事である」ということなのです。

すなわち、私が今、試みようと思っていることは、「今まで〝日陰《ひかげ》〟にあった存在、〝裏側〟にあった世界を表側に持ってくる」ということです。それが私の仕事であるのです。

新たな価値基準を世に示し、間違《まちが》っている常識を覆《くつがえ》す

みなさんのなかには、会社あるいは官庁など、いろいろなところに勤めている人が多いと思います。そして、個人としては、真理の世界は素晴《すば》らしいと思っていたとしても、そのことを、会社のなかで、職場のなかで、決して口にはできないはずです。

いや、「口にすれば自分にとって不利に働く」という計算なり打算なりが働いているはずであります。なぜ、本能的にそうした計算が働くのでしょうか。なぜ、そういう打算が働くのでしょうか。

私のところには、若い女性からも、ときどき手紙が来ます。そして、彼女たちが共通して訴《うった》えていることは、「自分は真理の世界を理解し、勉強し、一生学んでい

きたいと思うけれども、結婚《けっこん》という段階になったときに、相手の男性にこのことを打ち明けることができない。結婚したあと、自分がこうした真理が好きだということを知った場合、相手は驚《おどろ》いてしまい、価値観が合わず、性格の不一致《ふいっち》を起こすのではないか」ということです。こういう心配をしている人もいます。

また、男性であっても、将来、真理の道を生きたいと強く願っている若い人のなかには、「こうした真理の道を究《きわ》めていこうとすれば、結婚するに際して障害になるのではないか。それは、この世的におかしいこととされるので、常識を持って判断されがちな結婚に関して、不利に働くのではないか」というように判断する人もいるのです。

また、会社のなかで出世街道《かいどう》を歩んでいるような人は、「彼は最近、何か変なものに凝《こ》っているらしい」という一言《ひとこと》を恐《おそ》れて生きているはずです。例えば、講演会の日に、会社の上司や仲間から、「ゴルフに行かないか」などと誘《さそ》われることもあるでしょう。それを断って参加したとしても、「幸福の科学の講演会に行くのだ」

ということを明確に語ることがはたしてできたかどうか、心に問うてみてください。それは言えなかったはずです。なぜ言えないか。「出世の妨《さまた》げになるのではないか」という保身が働いているからです。

しかし、こうした状況《じょうきょう》は、本来あるべき姿ではないのであります。いちばん値打ちのあることをやっていて、「それは他人様《ひとさま》に知られては困る」というようなことであってよいわけはないのであります。それは、社会の常識のほうが間違《まちが》っているのです。

常識が間違っているなら、その常識を変えるまでです。覆《くつがえ》すまでであります。

私たちは、新たな価値基準を提示し、「世の常識と言われているものが、いかにもろい偶像《ぐうぞう》であるか」ということを立証するために、今、活動を始めたわけです。「本当の価値はどこにあるのか。本当の値打ちはどこにあるのか。本当に偉《えら》い人は、いったいどういう人なのか」ということを、私たちは世に示さねばならないときが来ているのです。

3　真理の縁《えん》に触《ふ》れる

悟《さと》りは、まず「知る」ことから始まる

いわゆるこの世的に偉《えら》い人というのは、肉体を去ったときに、みな、自分はどれほど小さな存在であるかということを、知らされるようになってきます。

この世で、どれほど大きな椅子《いす》に座《すわ》っていても、どれほど大きな机に向かっていても、地上を去ってあの世に還《かえ》ったならば、光の大指導霊《だいしどうれい》の前では、「ほんの小さな存在」であります。光の天使たちが彼らのもとに行っただけで、彼らの大部分は小さくなって、自己反省を始めるのです。その光を見ただけで、もう自分の存在に関する反省が始まっていきます。これは言葉を絶した世界です。

それは、「本当のものを知らなかった」ということです。しかしながら、「知らな

かった」ということに関する責任は、本人そのものにあります。その人自身にあるのです。そうした価値を知らなかったということでもって、あの世で、小さな人間、小人《こびと》になったところで、その言い訳はできないのです。

悟《さと》りへのきっかけは、地上にあったときに随所《ずいしょ》にあったのです。そのきっかけを、その手がかりを一笑《いっしょう》に付したのはいったい誰《だれ》ですか。嘲笑《あざわら》ったのは誰ですか。「そんなバカな」と言ったのは誰ですか。それを徹底《てってい》的に知らされるようになるわけであります。

したがって、悟りというものは、まず第一に「知る」というところから入っていくのです。「知らない」ということでもって、言い訳はきかないのです。

神仏を知り、神仏の心を知り、神仏の心から流れてきた教えを知る

では、何を知るか。何を知らねばならないのか。これが次の課題となるのです。何を知らねばならないのか。それは、「神仏を知り、神仏の心を知り、神仏の心

から流れてきた教えを知る」ということです。それを知らずして、悟りへのきっかけをつかむということは、決してないのであります。

悟りに到る方法としては、さまざまなものがあるでありましょう。しかしながら、単に山のなかを歩いたとか、滝《たき》に打たれたとか、こうしたことでもって悟ることは絶対にできないのです。

悟りに到る道は、「霊的自覚の道」であります。霊的自覚に到るためには、この世的ではないものを知る必要があるのです。そして、自分の価値観の大逆転が起きたときが、すなわち、「悟りへの第一歩」であるわけです。

しかして、悟りへの大逆転、価値観の大逆転はいったいどこにあるのか。それは、「真理の縁《えん》に触《ふ》れる」ということです。「知る」ということは、「真理の縁にまず触れる」ということ、これであるのです。

真理の縁に触れるとはいったい何であるか。

一つには、「真理の書物を読む」という方法もあるでありましょう。あるいは、

「講演会を通して、何らかのきっかけをつかむ」ということもあるでありましょう。私の書物は、『永遠の法』(前掲《ぜんけい》)で二十四冊目です(説法《せっぽう》当時。二〇二四年四月時点で三千百五十冊以上発刊)。矢継《やつ》ぎ早《ばや》に次々と書物を出している理由はいったいどこにあるか。

私たちが出している書物は、神仏の世界から発射された〝銃弾《じゅうだん》〟です。私たちは次から次へと銃弾を撃《う》ち込《こ》んでいるのです。

この世の中の価値基準を転換《てんかん》するためには、真理の書を一冊でも多く、一人でも多くの人の目に触れさせる必要があるわけです。

「気づく」「気づかない」は各人の自由ですが、少なくとも、悟りのよすがを与《あた》えることは、光の天使たちの仕事であるからなのです。

現代だけではなく、後代の人々をも悟らしめるものを遺《のこ》す

法は、いつの時代にも説かれるわけではありません。

しかし、法が説かれるときには、
その時代の人々だけではなく、
千年後、二千年後、三千年後の後代の人々をも
悟らしめるだけのものを遺《のこ》していかねばならないのです。
数々の書物を世に問うていますが、
私が予想している読者は、みなさんだけではないのです。
百年後、私の命は地上にありません。
しかし、百年後の人たちを悟らしめることも、私の仕事なのです。
五百年後には、どのような世界が展開しているでしょうか。
しかし、世の中がどのように変わっても、心の法則だけは不変です。
真理は不変であります。
私たちは、変わりゆくものを伝えることが仕事ではないのです。
変わりゆく世界のなかにおいて、

「変わらざるもの」「不変なるもの」を知らせることが、
私たちの使命なのです。

今という時代において、
われわれが説いていることは、
必ずしも大多数の人の受け入れるところとはならないかもしれません。
しかしながら、この考えは、やがて後代の人々を導く光となっていくのです。
われわれは、決して、
現代人の常識に妥協《だきょう》することをもって、よしとはしないのであります。
時代が変わろうとも、環境《かんきょう》が変わろうとも、
どのような世界が展開しようとも、
そのなかにありて不変のもの、これを示す。
これが、私たちの仕事であるのです。

そうであるならば、
われらは、大きな視野を持って生きていかなければなりません。
来《きた》るべき新世界、来るべき黄金の時代に向けて、
どのような遺産を遺していかなければならないのか。
これは、私一人だけの仕事ではないわけなのです。
みなさん一人ひとりの仕事でもあるのです。

4 悟《さと》りの道の厳しさ

プリズムのごとく展開する法をいかに受け入れ、いかに伝えるか

法というものは、固定化したものがあるわけではないのです。その基本においては、すべてのものに通ずる大いなる柱があるけれども、その柱はプリズムのごとく次々と回転し、さまざまなる光を放っています。この光を受け止めるためには、さまざまなる光の色を受け止める器《うつわ》が要《い》るのです。

ある人にとっては、不要な教えもあるかもしれません。ただ、別の人にとっては、その教えが必要なこともあります。大切なことは、「プリズムのごとく展開する法の光をいかに受け入れ、いかにそれをまた自分から他へと伝えていくか」ということなのです。

この作業は、単に受動的なるものではないということです。「みなさんが私の話を聴《き》いている」ということは、「聴いて帰っただけでは済まない」ということなのです。聴いたら、まず自《みずか》らの心が変わってください。変わらなければ、聴いたことにはなりません。それは、音の振動《しんどう》を耳の鼓膜《こまく》が受けつけたというだけのことです。私は音を出しているのではないのです。

私は、みなさん一人ひとりの心に訴《うった》えかけているのです。みなさんの魂《たましい》に訴えかけているのです。心のなかに懐《なつ》かしい響《ひび》きを感じ取った人がいたなら、その人はかつて私の話を聴いたことがあるのです。それは、この地上だけではありません。地上を去った実在界において、あるいは地上のいつの日か、みなさんは私の話を聴いたことがあるのです。

そして、私は、今から五十年後、西暦二〇三七年春三月、桜が七分咲きのころに地上を去る予定になっておりますが、次回、私が地上に出るのは、今から二千八百年後です。その間《かん》、みなさんの前で肉体を持って話をすることは二度とありません。

そうであるならば、残された五十年間をどれだけ充実《じゅうじつ》した生き方をするかということが、私の本当の使命であります。仕事であるのです。

「この五十年をどう生き切るか。どれだけ多くの人たちに、どれだけ多くの真理を伝えることができるだろうか。それも単に広げるだけではなく、みなさんの魂に食い込《こ》むような教えを説き、かたちとして残せるであろうか」、それが、私の課題なのです。

真理の継承《けいしょう》は、「悟りたる者から悟りたる者へ」が基本

しかし、この課題を達成するに当たり、私はスピーカーのように、あるいは街頭《がいとう》演説のように、ただ声を出すことをもってよしとはしないのであります。「できるだけ接触《せっしょく》面積を広げ、多くの人に触《ふ》れる」というだけであっては、本当の法は伝わらないのです。

仏教を伝えたのはいったい誰《だれ》でありましょうか。それは、悟《さと》りを求めてきた優《すぐ》れ

た修行者《しゅぎょうしゃ》たちの力ではなかったでしょうか。

真理の世界においては、一人の力が一万人分にも、百万人分にも相当することがありえるのです。

会社の仕事においては、一人が三人分、五人分働くのが限度かもしれません。しかし、真理の世界においては、人間一人の値打ち、人間一人の活動、人間一人の生き方は、同価値ではないのであります。

私が五十年、さまざまな教えを説いて終えたあとも、その教えを伝える人が連綿として、十年おき、二十年おきに出ることがあれば、それでもって法灯《ほうとう》は継《つ》がれていくのです。みなさんに知っていただきたいのです。これが「仏教の基本」なのです。

今、日本にはさまざまな新興宗教をはじめ多くの教団があります。公式には十八万あるとも言われています。法的に登録されていないものは、その倍とも三倍とも言われています。けれども、新興宗教の多くは、初代が地上を去ったあと、大いなる混乱に見舞《みま》われ、やがて団体としての生命体を失っていっているはずです。

なぜ、そうなるのでしょうか。それは、真理というものを、一つの〝財産権〟か何かのようにして継承《けいしょう》していこうとしているからです。自分たちがつくった建物、自分たちが手に入れた土地、自分たちの日々の生活を護《まも》っていくために、〝相続〟のようなつもりで真理を継承しているからです。これが違《ちが》っているのです。

真理は、悟りたる人から悟りたる人へとつながっていかねばならないのです。

仏教の歴史はどうですか。インドから中国へ、中国から日本へと仏法《ぶっぽう》は伝えられてきたけれども、親子であるとか、きょうだいであるとか、そうしたものは、仏教のなかにおいて、真理の継承において、まったく意味を持っていないのです。

「悟りたる者から悟りたる者へ」、これが基本なのです。

日本人である空海《くうかい》が中国で法灯を継承した理由

みなさんは、●『空海《くうかい》の霊言《れいげん》』を読まれたことがあるかもしれませんが、空海は中国に渡《わた》り、亡《な》くなる前の恵果和尚《けいかおしょう》、恵果上人《しょうにん》に教えを受けました。当時であっても

●『空海の霊言』　現在は『大川隆法霊言全集 第３巻』（宗教法人幸福の科学刊）に収録。

中国は外国であります。その外国にいる彼らから見れば、空海こそ異国の地、日本から来た僧侶《そうりょ》でした。その名も知らぬ、それまで付き合ったこともない外国人が海を越《こ》えて渡ってきて、そして、恵果は、いちばん大切な法の継承を外国人である空海に託《たく》したのです。

今はどうでしょうか。日本にはいろいろな団体がありますが、オーストラリア、あるいはカナダから、異国人が道を求めてきて、法灯をその異国人に継がせるというこことがありうるでしょうか。

その人が日本に帰化《きか》して生きていくならともかく、母国に帰るという人に法灯を譲《ゆず》ることがありうるでしょうか。中国から留学してきた人に、禅寺《ぜんでら》のお坊《ぼう》さんのいったい誰が後を継がせるでしょうか。

そうしてみると、恵果という人の行為《こうい》は、今からもう千二百年も前のことになりますが、非常に国際的な視野に立った、真理という視野に立った、本当にとらわれのない判断であったと思います。

しかし、恵果が空海に法灯を譲って、〝衣鉢《えはつ》を譲って〟息を引き取った後《のち》、おそらく、集まってきた中国の彼の高弟《こうてい》たちは、ずいぶん残念に思ったり、悔《くや》しい思いをしたりしたことだろうと思います。

「われらは、何十年も恵果和尚について、学んできた。その教えをわれらは継げなくて、異国の人が来て、わずか六カ月ぐらいでさらって帰る。こんなことがありえてよいものか」というようなことを、彼らはずいぶん議論していたようです。

しかし、法とは、そういうものです。それほど厳しいのです。

悟りの道は、頂上から頂上へとつながっている尾根道《おねみち》であり、決して谷の道や獣道《けものみち》ではないのであります。麓《ふもと》に下りることは許されない厳しさがあるのです。「頂上から頂上へ」「尾根から尾根へ」であるのです。

法に関して、これで十分ということは絶対にない

みなさんは、この「法の厳しさ」を知らねばなりません。

それは、一切《いっさい》の情実を許さぬものがあるのです。

なぜならば、「法が正しく伝わるかどうか」「正しい教えが伝わるかどうか」ということは、現在のみならず、後代の人々の幸せをも握《にぎ》ってしまう、幸・不幸を分ける鍵《かぎ》となるからです。

したがって、法の厳しさにおいて、妥協《だきょう》ということはありえないのです。

さすれば、法を学ぶみなさんは、
一人ひとりが「日々これ修行」であり、「日々これ剣《けん》が峰《みね》」であります。

日々、日本刀の先に立ちて生きているような真剣な気概《きがい》がなければ、
どうして後代の人々をも救うことができるでしょうか。

後代のみならず、現在、現代に生きている人々を救うことができるでしょうか。

したがって、幸福の科学は、一万人になろうが、
百万人になろうが、五百万人になろうが、一千万人になろうが、

そこに集まっている人たちが、単なるお客さんであったなら、
そんなものは何の意味もないのです。何の役にも立たないのです。
そうではなく、そのなかに、真に悟りを体得した人が、
一人でも二人でもいれば、
そのほうがはるかに人類にとって役に立つのです。

みなさんは、この「法の伝道と継承」の考え方の核《かく》を知らねばなりません。
キリスト教において、パウロという人は、
偉大《いだい》なる伝道者としてその名を遺《のこ》したでしょう。
ただ、パウロは、その活動において、行動において偉大であったけれども、
法の理解においてキリスト教を曲げた点がある。
悟りを十分に得ていないところがある。
その部分が、

その後のキリスト教会、キリスト教者たちの運命を翳《かげ》らせている。
そういう部分があるのです。
これは許されないのです。
「許されない」ということは、
決して、「地獄《じごく》に堕《お》ちる」というようなことを言っているのではない。
天上界《てんじょうかい》に還《かえ》れたとしても、
法を正しく本当に百パーセント理解して伝えられなかった部分が、
五パーセントでも十パーセントでもあったときに、
それが二千年後の人々にまで伝わっていくことを考えると、
取り返しがつかないということなのです。

したがって、
みなさんは、

「法ということに関して、これで十分ということは絶対にない」
ということを知らねばならない。
知力を尽《つ》くし、
生命を尽くして、
情熱を尽くして、
求め、求め、求め、求め、求め続けて得たものであっても、
それでもまだ満足をしてはならない。
「まだそこに自分の気づかぬものがあるかもしれない」
ということを知れ。
「同じく私の言葉を聴いていても、
それを聴いて得る理解は、一人ひとりが違う」
ということを知らねばならない。
「違う理解でもって、

それで伝えたときに、
いったいどのようなかたちで伝わっていくか」
ということを知らねばならない。
みなさんは、
まず「法の厳しさ」「悟りの厳しさ」を知らねばならないのです。

強い自覚を持ち、まず自らが目覚めよ

したがって、真理の伝道に当たっては、
まず「土台づくり」が最初になるのは当然です。
われらは、演劇をやっているわけでも、
見せ物をやっているわけでもないのです。
そうであるならば、集まっている一人ひとりが、
光の天使となり、光の柱とならないで、いったい何の意味があるでしょうか。

そうではないですか。

さすれば、みなさんは、
まず、「自らの自覚」というものを、
もう一度、根本《こんぽん》に立ち返って考えねばならない。
自らの自覚を振《ふ》り返ったときに、
はたして、それだけの情熱と熱意があるかどうか。
それを考えていただきたい。
単なる「利益、不利益」という基準でもって見ていないかどうか。
この世的な打算でもって、考えていないかどうか。
計算心でもって考えていないかどうか。
こうしたことを一度考えてみる必要がある。

私は、決して、キリスト教のように
十字架《じゅうじか》に架かって殉教《じゅんきょう》することをもって、
よしと言っているのではないのです。
肉体の生死など、どうでもよいのです。
そうではなく、
自分の心のなかにある、易《やす》きにつく心を十字架に架けなさい。
自分の内にある、欲望に振り回される心を十字架につけなさい。
目先の利益に惑《まど》わされる心を十字架に架けなさい。
そして、そのことが、「人、新たに生まれ変わらずんば、
神を見ること能《あた》わず、霊を知ること能わず」
という言葉の本当の意味であるのです。
ひとたび死ななければならないということなのです。
真理というものは、

それだけ強い、強い、強い、強い自覚を持たなければ、
本当に自分のものとはならないのです。

まず、自分が目覚めてください。
自分が目覚めていないのに、
他人《たにん》を目覚めさせることはできないということであります。

5　自《みずか》らの内なる神を発見する

真理の敵など一人もいない

幸福の科学には、さまざまな団体から、いろいろな電話や手紙などが来ます。そのなかには、私たちの活動が始まって、「自分たちは非常に迷惑《めいわく》をしている、商売がやりづらい」ということで、脅迫《きょうはく》の類《たぐい》をしてくる団体もあります。現にあります。手紙も来ます。

ただ、彼らは、「私たちがこれだけの不退転《ふたいてん》の決意でもって、やっている」ということが、まだ分かっていないのです。

彼らは、地上での自分たちの利益を護《まも》らんがために行動しているけれども、私たちは、神の心を護らんがために行動しているのです。
その「出発点が違《ちが》う」ということを、
やがて彼らは気づいていくでありましょう。
彼らが食べていけるかどうか、
彼らの団体が存続していけるかどうか、
そこで働いている者の給料が出るかどうか、
そんなことは関係ないのです。
そんなことのために、私たちは真理を曲げることはできないのであります。
真理は真理、正しいものは正しいのです。
神の心は神の心です。
これを宣《の》べ伝えないでは、
神のラッパとしての私の使命は決して果たせないのです。

内村鑑三《うちむらかんぞう》は言いました。

「われは、すべての真理の敵に対して戦いを宣言する」と。

私は、気持ちにおいてはまったく同じですが、

内村鑑三との違いが一点あります。

それは、

私は、「この地上には真理の敵は一人もいない」という観点に立っている

ということなのです。

真理の敵など、この世界には一人もいないのです。

そこにいるのは、

真理に目覚めている人と、真理にまだ目覚めていない人だけです。

われらの前に敵はいないのです。

みなさんは、「この地上に悪魔《あくま》はいない」ということを、

「この地上に実在たる悪はない」ということを知らねばならん。

われらに立ち向かってくるように見えるものがあっても、
それは、悪の実在ではない。
それは悪人でもなければ、悪魔でもサタンでもない。
そこにあるのは、まだ真理に目覚めていない人の存在であります。
そして、彼らもまた神の子なのです。
善人と悪人がいるのではない。
「目の鱗《うろこ》が取れている人」と
「目に鱗がかかっている人」がいるだけです。
神は、そのような不完全な人間など創ってはいないのです。
「すべての真理の敵に対して戦いを宣言する」という内村鑑三の気概《きがい》は、
われらも範《はん》としなければならないものでありますが、
その根底において、真理の敵などないということを知らねばならん。

敵がないならば、すべて味方です。
味方であるけれども、積極的味方と、
まだ、自《みずか》らが協力しなければいけないということに気づいていない人が、
そこにいるということです。
そして、目の鱗が取れていない人が、
まだ日本には一億人もいるわけです。
真理に目覚めている人は、
まだ数百、数千、せいぜい数万の段階です（説法《せっぽう》当時）。
われらは敵と戦うのではなく、
これから、彼らにとって懐《なつ》かしい思い出でもある真実の法を、
心の灯火《ともしび》を、もう一度、取り返すことを教えんとしているのです。
さすれば、まず、「自らの道を進んでいくという強い決意の下《もと》に、

戦うのではなく、しかして、妥協《だきょう》するのでもなく、
真理がこの地上に自己展開していく姿をわれらは頼《たの》もしく見ていく」、
そうした心掛《こころが》けが必要であります。
そうした気概が必要であります。

「自他は一体である」という見方をしていく

そして、その根本《こんぽん》にあるのは、「愛に敵なし」という言葉です。
どのような人間の固い固い「自己保存の殻《から》」「自己保身の殻」であっても、
愛という槍《やり》を防ぐことができるような
固い鎧《よろい》はありえないということなのです。

さすれば、
われらは行動するに当たり、

一人ひとりの人のなかに光っている仏性《ぶっしょう》、神性《しんせい》を見つけていかねばならん。
一人ひとりの個性のなかに光る、ダイヤモンドの煌《きら》めきを見いださねばならん。
そして、そのダイヤモンドの煌めきは、
みなさんが、修行《しゅぎょう》の過程において、
ほかならぬ自分自身の心の内にすでに発見したものであるべきです。
「他人《たにん》を愛する」ということは、
「他人のなかにある神聖なる輝《かがや》きを愛する」ということです。
「他人のなかにある、神の子としての本質を愛する」ということです。
そして、他人のなかにある神の子の本質は、
すなわち、自分の内にある神の子の本質でもあるということです。
これが、「自他は一体である」ということなのです。
神が神を発見しているのです。
神の子が神の子を発見しているのです。

神の子が神の子を愛しているのです。
そうした観点から、
自と他を分けないものの見方をしていかねばならん。

さすれば、
「自らが悟《さと》る」ということは、いったいどういうことかといえば、
「まず、自らの内なる神を発見する」ということです。
自らの内なる神を発見しえた人のみが、
他の人々の心のなかにある内なる神を、
また発見することができるのです。
自らの内なる神を発見できていない人は、
他の人々の心のなかにある内なる神を指摘《してき》することもできなければ、
その内なる神を発見させることもできないということなのです。

したがって、「小乗《しょうじょう》と大乗《だいじょう》は分けられるべきものではなく、小乗のなかにすでに大乗の芽は含《ふく》まれている」ということを知らねばならんわけです。

『黄金の法』のなかに、

「釈迦《しゃか》仏教の本質は利自即利他《りじそくりた》である」

「自分を利して、その過程において他人を利していく」と書いてあります。

この「自分を利する」ということは、

自分の保身とか、

「自分のみ、われのみよかれ」という思いでの

「自分を利する」ということではないということです。

それは、「まず、自らに与《あた》えられている神なる本質を自分が光らし、その光の呼応《こおう》によって、他の光を発見していく」という道であるということ、

これは決して自と他を分ける教えではないということ、
これを知らねばなりません。

6　正しき心の探究と幸福の原理

神仏が与《あた》えた命綱《いのちづな》としての「正しき心の探究」

ここで、私は、自《みずか》らの内なる光を発見し、自らの内なる神を発見する道、この方法というものを考えていかねばならないと思うわけです。

すでに、私の書物や講演、講義を通してお分かりのように、私が幸福の科学の発《ほっ》足《そく》に当たり、まず掲《かか》げたことは「正しき心の探究」と「幸福の原理」です。そして、「正しき心の探究は真理への入り口でもあり、出口でもある」ということをすでに語っているはずです。

正しき心の探究は、みなさんの人生の修行《しゅぎょう》を貫《つらぬ》く一本の柱であります。

そして、これは、神仏へとつながっている、みなさんの命綱《いのちづな》であります。「決して地上という迷妄《めいもう》の大海《たいかい》のなかで溺《おぼ》れてはならん」ということで、神仏は私たち一人ひとりに命綱を与《あた》えておられるのです。その命綱こそが、「正しき心の探究」という修行です。「自らの正しき心を究《きわ》めよ」ということです。

「正しさ」とは真なるものを発掘《はっくつ》する過程において現れる価値

「正しき心」とは何か。

私は、すでに出した『新・心の探究』（幸福の科学出版刊）のなかにおいても、さまざまな角度から、心のあり方を語りましたが、私が語っている「正しさ」というものは、善悪二元の正しさではないということです。

それは、真なるものを発掘《はっくつ》する過程において現れる価値です。それを「正しさ」と呼んでいるのです。奥《おく》の奥の奥、究めて、究めて、究めて、さらに輝《かがや》きを増してくるもの。それが、私の指している「正しさ」であります。

したがって、ここで言うところの「正しさ」は、戒律《かいりつ》のごとく、「これはしてよい。これをしてはいけない」というような段階ではなくなっているということです。

かつて、さまざまな光の指導霊《しどうれい》たちが、地上に肉体を持ったときに、「これはしてよいが、これはしてはいけない」といった、いろいろな戒律を与えました。いわく、「汝《なんじ》、殺すなかれ」「汝、盗《ぬす》むなかれ」「汝、偽《いつわ》りの証《あかし》をすることなかれ」など、さまざまな戒律を遺《のこ》しています。モーセがそうです。また、仏陀《ぶっだ》においてもそうです。幾《いく》つかの戒律を与え、修行者の越《こ》えてはならぬ則《のり》を提示しました。

しかし、それは、「これは正しいが、これは正しくない」という意味ではなかったのです。

修行者たちが、悟《さと》りに到《いた》る道を間違《まちが》わないようにするための、〝一つの囲い〟であったのです。〝一つの道しるべ〟であったのです。

未知なるものを探究する勇気を持って、真理の大海に船出せよ

さすれば、私たちは、「二元論的な正しさ」「正邪《せいじゃ》の段階」から抜《ぬ》け出さねばなら

ん。そして、あらゆるもののなかに、真理の輝きを発見していくだけの勇気を持たねばならないのです。

真理は、「これを行えば天国に行けるが、これを破れば地獄《じごく》に行く」というような単純なもののなかにはないのです。それは、あくまでも、初歩の修行者たちを護《まも》るための戒律であったということを知らねばならん。

一匹《ぴき》の蟻《あり》を踏《ふ》み潰《つぶ》さず、一匹の蚊《か》を殺さずに地上を去ったからといって、その人が実在界において、それほど評価されるかといえば、そうしたものではない。一匹の蚊を潰したとしても、何万、何十万人の人を救い、指導し、導いた人であれば、正しさはそちらのほうに傾《かたむ》いていくのです。

われらは、戒律によって、単なる弱々しき善人になってしまわずに、あらゆるものの奥に潜《ひそ》む「正しさ」を探究するだけの、探検していくだけの勇気を持たねばならんのであります。

私たちは、宗教家でも何でもないのです。
われらは、真理の大海に乗り出したる船長と乗組員である
ということを知らねばならん。
宗教であるとか、ないとか、
そんなことはどうでもよいのです。
われらは、五百年前に新大陸を発見しようとした
コロンブスの気持ちと同じ気持ちでもって、
今、真理の大海に船出をしているのです。
この地上においては、
究められていない海や陸はもはやないかもしれない。

真理の探究者の次なる方途《ほうと》、
次に向かっていく方向はいったいどこにあるかといえば、

「この地上を去った世界」「神仏の世界」「実相の世界」です。
さすれば、「われらは科学者であり、われらは探検家である」
ということを知らねばならん。
みなさんは、心を入れ替《か》え、考え方を変えていかねばならん。
「われらはマゼランであり、コロンブスである」
ということを知らねばならん。
「われらは現代のガリレオである」ということを知らねばならん。
「現代のコペルニクスである」ということを知らねばならん。
したがって、「霊的実相の世界を探究することは、
現代から将来に向けての科学そのものである」
ということを知らねばならん。
科学というものは、「未知なるものを探究する」ということであります。
そこに、幸福の科学の立脚点《りっきゃくてん》もあるということを

知らねばならんのであります。

正しさの多角的展開としての「四正道《よんしょうどう》」を究める

「正しさの探究、正しき心の探究という一本の筋《すじ》が通っている」ということが分かったならば、では、次にある「幸福の原理」とはいったい何なのか。

一九八七年三月八日の牛込《うしごめ》公会堂での講演会（本書第1章参照）で、私は、「愛・知・反省・発展という四つの道が現代の四正道《よんしょうどう》であり、現代的悟りへの道でもある」と説きました。「この四つの道を究めていくことが、幸福の原理である」と話しました。そして、「われらが説いている幸福とは、この世的な幸福でもなく、あの世的な幸福でもなく、『この世とあの世を貫く幸福』である」と語ってきたはずです。

「本当の幸福に到る道は、悟りに到る道でもある」

ということを知らねばならんのです。
われらが説いている幸福とは、
すなわち、「悟りを得るという幸福」であるわけです。
悟りを得るということは、いかなることか。
それは、「この世とあの世を輪廻転生《りんねてんしょう》している人間の本当の姿を知り、
そこに生きるべき人間の道を知る」ということ、
そして、「われらが修行の過程にあるこの三次元現象界のみならず、
四次元、五次元、六次元、七次元、八次元、九次元という、
神仏の創られた実相世界を知る」ということ、ここに帰っていくわけです。
これが、「知ることは悟ることであり、悟ることはすなわち幸福である」
ということの意味なのです。

「すべてを知る」ということは、

いったいどれほど幸福でありましょうか。
地上において、
どれほど裕福《ゆうふく》な生活をしても、
どれほど位人臣《くらいじんしん》を極《きわ》めたとしても、
「自らがどこから来て、どこに去っていくのか」
「自らの生き方が真実なる神仏の目から見て、どういうものであるか」
ということを知らずして生きる人は、不幸であります。
われらは、いくら財産をつくっても、
あの世には、貯金通帳を持ってはいけないのです。
名刺《めいし》を持ってはいけないのです。
われらが持っていけるものは、
「自らの清い心、正しい心、真実なる心」以外にないのです。
さすれば、まず、自らの心の正しさを探究し、その正しさの多角的展開としての「愛・知・反省・発展」という四つの原理を究めていかねばならないのです。

これが、小乗《しょうじょう》と大乗《だいじょう》を含《ふく》めた「人間の生きるべき修行の道」だからなのです。

7　反省なくして悟《さと》りなし

反省の前提――真理の知識を持つ

私は、すでに一九八七年五月の講演会において、「愛の原理」を説きました（本書第2章参照）。「愛には、単なる平等知、平等における愛だけではなく、差別知における愛もある。愛にも段階がある。愛のなかにも努力の目標があり、修《しゅ》行《ぎょう》の道がある」ということを説きました。

そして、同年七月の小金井《こがねい》公会堂での講演会において、「心の原理」の話をしました（本書第3章参照）。それは、自《おの》ずから「正しき心の探究」の話になったはずです。

今回、私が話をしていることには、「悟《さと》りの原理」という演題が付いていますが、これはすなわち、「愛・知・反省・発展」のうち、反省の原理の意味を、今、語ろうとしているわけです。

幸福の科学の打ち出した基本原理は、まず「幸福の原理」という概論《がいろん》から始まり、「愛の原理」、そして「知の原理」の前に「心の原理」の話をし、ここで「悟りの原理」、そして一九八七年十二月に「発展の原理」の話をし、一九八八年春に、順序は遅《おく》らせましたが、「知の原理」の話をします。一年間で最初の基本法の骨格が出来上がるように話をしているわけです。

さすれば、この「悟りの原理」においては、「反省の原理」に至っていかねばならないわけです。反省の方法論に入っていかねばならないわけです。

反省とは何であるか。

先ほど、「悟りには、まず知ることが大事である」と述べました。なぜ、そう述べたかといえば、人間は、それぞれ自分が生きやすいように、自分が生きたいように生きているからです。なぜ、そう生きているかといえば、それでもってよしとしているからにほかなりません。

そうであるならば、自分の思いのままに、生きやすいがままに生きてきた人生を振《ふ》り返り、第三者の目で、透明《とうめい》なガラス箱のなかに入った自分自身を見つめるためには、まず、真理の知識を持っているということが前提になるわけです。偉大《いだい》なる神仏の光の展開を知ることが、すなわち、自己を照射する鏡となり、光となるということです。

まず「知る」ということから始まった原理は、次に「自己の内部」へと深く、深く、深く、深く、深く探究が始まっていくわけです。

反省によって「心の洗濯《せんたく》」をし、神の子の本質を見いだす

みなさんは、真理に触《ふ》れる以前、「日々の自《みずか》らの思いと行い、想念のあり方」、こうしたものを考えたことがあったでしょうか。そうしたことは、おそらく小学生か何かのときに、あるいは家庭において、道徳的なる話として反省の徳目を教えられ

たことはあったかもしれません。しかし、「反省の原理は、神の子、仏の子の本質を掘《ほ》り出し、見いだすための原理であり、本来の悟りに到るための方法である」ということは教えられなかったのではないでしょうか。

今から、二千六百年前、インドにおいて、釈迦《しゃか》が説き来たり、説き去った教えは、まず原点は「反省」ということにあったのです。

人間は、この地上に生まれ落ちてよりこのかた、赤《あか》ん坊《ぼう》として生まれ、家庭のなかで育ち、両親の教育、学校の教育、友人の影響《えいきょう》、社会に出た人々の影響を受けて、善かれ悪《あ》しかれ、さまざまな「色」に染まってきたわけです。

そして、色を付けた「衣装《いしょう》」でもって生きているのです。ただ、自分の衣装に色が付いていることを、知らないままに生きているのです。みな、素晴《すば》らしい人生を生きたいと思い、そう願いながら生きているけれども、残念ながら、自分を灰色に染めながら生きている人が数多くいるのです。

ゆえにこそ、反省が必要なのです。これは、「心の洗濯《せんたく》」ということです。

われらは本来、汚《よご》れたるものを着て出てきているのではないのです。心の生地《きじ》というものは、本当に美しく、穢《けが》れのないものなのです。それが、二十年、三十年、四十年、五十年の人生を生きる過程において、さまざまな色合いに染め上げられていくのです。

心が正しき方向に向いている人にとっては、その色は艶《あで》やかな天上界《てんじょうかい》の色となるでありましょう。そうでない人にとっては、どす黒い灰色へと変わっていくでありましょう。「そうでありながら、それに気づかずに生きている自分」というものを知らねばならんということです。

「何が悲しい」といって、自分自身の本来の姿と、現在の姿との違《ちが》いが分からない人間ほど、悲しいものはないのです。それほど悲しい生き方はないのです。

したがって、反省の基準は、「神仏の心と己《おのれ》の心の距離《きょり》をまず知る」ということから始まるわけです。

8　進歩と調和

悟《さと》りの根本《こんぽん》の原理である「進歩の原理」と「調和の原理」

次は、「本来のものに近づいていく」ということがあるのではないでしょうか。

「距離《きょり》」を知ったら、次はどうなるのですか。

では、本来のものに近づいていく方法に何があるでしょうか。かつて八正道《はっしょうどう》とか六波羅蜜多《ろくはらみた》とか、いろいろな方法論がありました。しかし、どのような教えであっても、基本は一つです。

悟《さと》りの根本《こんぽん》の原理は、大きく分けて、二つの原理に分かれるのです。「進歩の原理」と「調和の原理」という二大原理です。

進歩の原理は、個人の向上・発展を目指していく原理です。つまり、「精進《しょうじん》」ということであります。これが、悟りの持つ一つの側面です。

しかして、悟りの持つもう一つの面は何か。調和の原理であります。すなわち、「自《みずか》らが向上していることが、はたして他を害していないかどうか。多くの人々の幸福に貢献《こうけん》ができているかどうか」ということです。

他を害する方向に伸《の》びていった木は、倒《たお》されざるをえなくなるわけです。木がそれぞれに共存していくためには、まっすぐと天に向かって伸びていかねばならないのです。

あるものは斜《なな》めに曲がり、あるものは下に向かって生《は》え、横に向かって生え、うねりうねり生えていったのでは、他の木は伸びていくことができないはずです。伸びることは許されるけれども、他を害して伸びることは許されていないわけです。そうした成長でもってしては、本当の幸福は築けないからであります。

したがって、「進歩あるなかに同時に調和ある方向」が大事となります。

「平等観」と「公平観」が宇宙を統《す》べている法

では、進歩と調和という二大原理の背後にあるものは何であるか。

調和の原理の基底にあるものは、実は、人間神の子、仏の子、平等の思想です。「すべてのものが、同じく神仏の懐《ふところ》から岐《わか》れてきていて、同じく等しい価値を持つ」という考えが、平等観です。これが「調和の原理」の原点なのです。

もう一つの進歩の原理とはいったい何でしょうか。これは、「平等に出発しているものであっても、努力に比例した成果が認められる」ということです。すなわち、進歩の原理とは、公平の原理です。

大宇宙が発展・繁栄《はんえい》していくためには、この「進歩と調和」「公平と平等」という両方の価値を実現していく必要があるのです。

すべての人は平等です。出発点において平等であり、可能性において平等でありますそれは、「無限の進化が約束されている」という可能性において平等であるけれども、努力の結果においては、平等ではない世界が展開しているのです。みなさんはそれを知らねばなりません。

「『平等観と差別観』あるいは『平等観と公平観』という両者が、宇宙を統《す》べている法である」ということを知らねばならん。

「同じく神の子、仏の子として、無限の成果、無限の発展を約束されていても、ある者は努力し、ある者は努力しない。ある者は前進し、ある者は後退していく。これを同じく扱《あつか》うことでもって、本当の正義が実現されるわけではない」ということを知らねばならんのです。

努力に応じた結果、まいた種に応じた成果が現れます。これを、あるときは「縁《えん》起《ぎ》の法」といい、あるときは「作用・反作用の法則」といいます。いろいろな呼び方がありますが、いずれも、「原因に応じた結果が現れてくる」と言っています。それは公平の原理そのものであるということなのです。

釈迦《しゃか》は言いました。「山川草木《さんせんそうもく》、国土、すべて一切《いっさい》これ仏性《ぶっしょう》あり」と。すべてのものに仏性が宿っている。これは平等知の発見です。平等観の発見です。しかし一方で、「悟りに段階がある」ということを釈迦は示しました。それは何か。「公平の観点」という、もう一つの原理の発見です。

「原因があれば、それに相応した結果が現れる。優《すぐ》れた指導者であっても、光の天使であっても、間違《まちが》った歩みをした者に対しては、それだけの反作用が来る。平《へい》凡《ぼん》なスタートを始めたとしても、努力をして成果をあげた者には、それだけの神仏の栄光が与《あた》えられる」という原理があるということです。

すべてのものを愛し、平等に見ながら、努力・向上していく「悟りの原理」

われらは、まず、

「この二つの原理が幸福の基底にあり、悟りの基底にある」

ということに気づかねばなりません。

さすれば、われらの努力の方向は一つです。

「すべての人間は神仏の子であり、すべて等しい仏性を持っているが、
その仏性の顕現《けんげん》の仕方には、
さまざまな階梯《かいてい》があり、段階差がある以上、
すべてのものを愛し、すべてのものを平等に見ながら、
そのなかにおいて、努力・向上していく自分がなければならん」
ということです。

これが「悟りの原理」なのです。

そして、この方向の一つが、
「自らの心の曇《くも》りを取り去り、垢《あか》を取り去り、本来の輝《かがや》きを取り戻《もど》す」
ということ、そして、
「一段と高い人格を築きながら、より多くの人々の幸せをもたらす方向に、

勇気を持って第一歩を踏《ふ》み出していく」

ということなのです。

この原理は、みなさんだけではありません。

私にも等しく働いているのです。

どうか、勇気を持って、向上に向かって第一歩を踏みしめていきましょう。

頑張《がんば》りましょう。

第5章

発展の原理

一九八七年 第五回講演会

一九八七年十二月二十日　説法《せっぽう》

東京都・日本都市センターにて

1 反省あってこその発展

「まず自《みず》らの足元を固める」ことが、発展に向けた出発点

さて、本章では、いよいよ「発展の原理」について語ってまいりたいと思います。

私が刊行している書籍《しょせき》等のなかにも書かれているように、幸福の科学では、「発展」という考え方について、「反省あってこその発展である」「反省からの発展である」ということを言っています。すなわち、私たちが「繁栄《はんえい》」あるいは「発展」という言葉を用いるときには、単なる砂上の楼閣《ろうかく》を築くといったような発展、繁栄を意味してはいないわけです。

われらは、最初の出発点において、「まず自《みず》らの足元を固める」ということからスタートしました。これが「土台から柱へ」「内から外へ」という基本姿勢になっ

たはずです。これは、単に教えの中身であるのみならず、われわれの行動原理ともなっているわけであります。

世にユートピアをつくりたいと思う人は、数多くいるでしょう。それは単に「宗教的世界」のみならず、「政治の世界」においても、「経済の世界」においても、「芸術の世界」においても、「文化の世界」においてもそうですが、さまざまな世界において、何らかのユートピアの建設を願う人は数多くいるはずです。

しかしながら、彼らの多くは、さまざまな混乱と誤りを引き起こしています。なぜ、そうなるのか。一つには、「彼らは理想を前面に掲《かか》げているが、その足が地についていない」ということがあるからです。

そのなかには、学生運動をやっているような人であるとか、あるいは、連合赤軍《れんごうせきぐん》のような、ああいった事件を起こしているような人々もいるでしょう。

彼らも、本質においては「自分たちの理想の下《もと》に素晴《すば》らしい社会をつくらん」と思っているのかもしれませんが、そこに、いったい、いかなる誤りがあるかというと、「彼ら自身が自己確立をしていないにもかかわらず、人々を救おうとか、導こうとかしている」ということです。ここに最大の問題があるわけであります。

このテーマは、決して新しいテーマではありません。

今から二千五百年前、中国に孔子《こうし》という人が出たときにも、まず自らを修めるところから始まるという「修身《しゅうしん》」から、やがて「治国平天下《ちこくへいてんか》」、すなわち全社会が素晴らしくなっていくというプロセスを説いています。

また、今から二千六百年前、インドにおいてゴータマ・シッダールタ、釈迦牟尼《しゃかむに》仏《ぶつ》が説いた教えも同じです。「まず自らをつくれ」というところから始まっていっています。

弟子《でし》たちの多くは、「このような真実の法に触《ふ》れたならば、一日も早く、この法を人々に説かねばならない、弘《ひろ》めねばならない」と焦《あせ》っていたのですが、そのときに仏陀《ぶっだ》は制しました。

焦ってはならん。汝《なんじ》ら自らをまず磨《みが》け。
自らを磨くということに終わりはないのだ。
一生を通じて、自らを磨くということを続けていかねばならないのだ。
自分を知れ。自らの足らざるを知れ。
人に法を説かんとするときに、すでに増上慢《ぞうじょうまん》となっている己《おのれ》の姿を知れ。
自らを見つめることを忘れるな。
自らを見つめることを忘れたときに、転落が始まるのである。
こういうことを語っていたはずであります。

簡単に慢心しないために必要な観点とは

幸福の科学の運動が始まってよりこのかた、私も数多くの人と接してきました。数多くの人の姿を見ました。数多くの人の考えを聞きました。数多くの人が書いたものを読みました。そうして感じたことは、「人間にとっていちばん難しいのは、結局、自分がこれから伸《の》びていこうとするとき、世に立たんとするとき、認められんとするときなのだ。ここがいちばん難しい」ということです。修行者《しゅぎょうしゃ》として、ここがいちばん難しいのです。

しかし、この難しさというのは、「最初の関門」であるのです。この「関門」を通らずして、この「狭《せま》き門」を透過《とうか》せずして、悟《さと》りに到《いた》る道は決して開けないのであります。

さすれば、われらは常に、自らを振《ふ》り返ることを忘れてはならないのであります。人間とは、ともすれば有頂天《うちょうてん》になりやすいものです。それはみなさんのみならず、私もそうであるし、私の周りにいる人も同じであります。

すでに、私たちの刊行した書物も二十八冊、その発行部数も五十万部を数えるようになりました（説法《せっぽう》当時）。

しかしながら、こうしたことは、単なる一里塚《いちりづか》にしかすぎません。

われらが目標は、この日本の一億二千万の人々のみならず、海外の人々にも真理に気づいていただくということ、そして、今の時代のみならず、五百年、千年、二千年、三千年後《のち》の人々に対しても、心の糧《かて》を遺《のこ》さなければならないということなのです。

そうであるならば、われらは、まだ第一歩を踏《ふ》み出したにしかすぎないということを、心に深く深く刻み込《こ》んでおかなければならんのであります。

私は、自分自身が慢心しないために、残り数十年の人生において、できうるならば、真理の書を一千冊刊行したいと思っています（説法当時。二〇二四年四月現在、三千百五十冊以上発刊）。二十八冊ということは、まだ残りが九百七十二冊あるということです。その最初の部分にしか至っていません。

また、日本には一億二千万の人がいます。そのなかで、今、われらの本を読んでいる人はまだ数万、信者となっている方もまだ数千人です（説法当時）。道はまだ遠いのです。こうしたところでもって、〝安易な成功〟に酔《よ》ってはならないのです。われらは今、この立場を確認しておかなければならないと思うのです。

みなさんのなかには、優《すぐ》れた魂《たましい》は数多くいるでしょう。しかし、優れた魂であればあるほど、古い魂であればあるほど、自らをよく見つめることです。慢心しないことです。簡単にうぬぼれないことです。簡単に「自分を偉《えら》い」と思わないことです。偉い人間ならば、それだけの実績が出るはずなのです。「それだけの実績が出ないならば、まだそれほど偉くはない。しかし、偉くなる可能性はある」。こういう観点を忘れてはならないのです。

2 中道《ちゅうどう》からの発展とは

「中道からの発展」は、無限の発展の可能性を含《ふく》む考え方

さて、本日の演題は「発展の原理」です。

前回は、「悟《さと》りの原理」のなかにおいて、「反省」について幾分《いくぶん》かのことを述べました（本書第４章参照）。

私がこれから話をしていく「発展の法」は、すなわち「中道《ちゅうどう》のなかにおける発展」でもあるということです。

「中道のなかにおける発展」とは、他人《ひと》を害さず自《みずか》らを害さない、他人をも自らをも害さないという、「無限の進化の可能性」と「無限の発展の可能性」を含《ふく》む考え方です。

さすれば、発展の前には「中道に入《い》る」という作業があります。「中道に入る」という作業は、いったい何であるか。「偏《かたよ》らず、両極端《りょうきょくたん》に走らない」とは、いったいどういうことなのか。これについて考えてみなければならないでしょう。

私は、決して、「ハンドルの遊びがないような車の運転をせよ」と言っているのではないのです。人生には右するとき、左するとき、いろいろなときがあるでありましょう。つまり、「右に曲がるときは右に曲がってよろしい。左に曲がるときは左に曲がってよろしい。しかし、ハンドルの返しを忘れてはならん」ということを言っているのです。これを忘れたときに、大きな間違《まちが》いとなります。

みなさんはロボットではないのです。ロボットでもなければ、ジェットコースターのように、一つのレールの上だけを走るものでもないのです。

みなさんは、自由自在に考え、自由自在に行動することを許されている高貴なる魂《たましい》であるのです。また、最大の自由性を与《あた》えられたる偉大《いだい》なる創造物でもあるわけであります。

そうした「自由」ということを原点に置いて、その人生の歩みを軌道修正《きどう》する方法を考え出して、それを身につけ、実行に移さなければならないのです。

「中道に入《い》る」ために去るべき両極端の考えと行い①——怒《いか》り

では、日々、どのような心でもって生きていけばよいのか、いかなる考えでもって生きていけばよいのか。これについて考えなければならないのです。

みなさんは、決して、洞窟《どうくつ》のなかで一日中、瞑想《めいそう》したり、禅定《ぜんじょう》したりしていればよいわけではないのであります。みなさんには、それぞれの持ち場があります。その「持ち場」のなかにおいて、人との接触《せっしょく》を避《さ》けることができないという現実のなかにおいて、「いかに中道に生きるか」。また、「両極端を去る」とは、いかなることなのか。これについて考えてみなければいけません。

「両極端」には、いったい何がありましょうか。

一つは、明確に他人《たにん》を害する考え方、行いです。

これは、反省の材料としてよく話されることですが、「怒《いか》り」というものがあります。

みなさんは、怒ったことがどれほどあったでしょうか。例えば、徳高い宗教者であるといわれる方でも、自らのプライドが傷つけられたときに、見境もなく怒る人もいます。こうした人は、まだ修行《しゅぎょう》の本質、本道ということを知らないでいるのです。「怒らない」ということは、まず最初の出発点なのです。「怒《おこ》らない」と言ってもよい。

なぜ、人は怒ったり、怒《いか》ったりするのでしょうか。

それは、自分は他人《ひと》に対してこのようであってほしいと願うにもかかわらず、他人がそのように動いてくれないからです。こうしたことに関して自分の思いが満たされないと、自動的に怒《おこ》ります。

しかし、これはまだ初歩も初歩であり、修行のいちばん最初なのです。

私は、この十年ほど怒ったことがありません。なぜでしょうか。それは、こうした怒《いか》りが込《こ》み上げてくる前に、瞬時《しゅんじ》の間に、「相手の立場」と「自分の立場」、さらに「第三者の立場」から、そのすべてを考えるという努力をしてきたからです。

これは、一瞬のうちになされる業《わざ》でなくてはならないのです。

怒りのとき、人は、すでに心を制止することを忘れ、自らの立場だけに立って、相手に言葉の槍《やり》をぶつけることになるわけです。

そのときに、一瞬の間に相手の立場を思いやる気持ちがあったならば、話は違ってくるのです。自分と相手だけではなく、第三者がいて、自分たちを見ていると思ったときに、また別の観点が現れます。

あるいは、「第三者」だけではなくて、「高級霊《こうきゅうれい》たちが自分を見ている」というならば、さらに考え方が違ってきますし、それ以上に、「神が自分たちを見ている」と思うならば、小さな怒りが消えていくでしょう。

どうか、最初の修行の一歩として、「怒り」に関して、「見る立場を瞬時のうちに変えてみる」ということを努力してみてください。

「中道に入《い》る」ために去るべき両極端の考えと行い②――妬《ねた》み、嫉妬心《しっとしん》

それ以外にも、例えば、「妬《ねた》み」「嫉妬心《しっとしん》」というものがあります。これに関して、信者のみなさんは、すでに月刊誌等のなかでいろいろと読まれたことかと思います。

修行者にとっては、この「嫉妬心」「妬み」という感情をどのように制御《せいぎょ》するかということが、一つの大きな〝修行の鍵《かぎ》〟となっていくのであります。

なぜ、「妬み」が出てくるのか。それは、「世間《せけん》から、あるいは、ある特定の人から、自分以上に評価されている人の存在」を知ったときに、自分の自尊心が傷ついたような気持ちになるからです。

なぜ、傷つくのか。それは、自分より、より多くの評価を受けている人、より多く愛されている人の存在を知ることで、反射的に、自分がより少なく愛されていると感じるからです。この愛の少なさを嘆《なげ》き、この愛の少なさゆえに、嫉妬の炎《ほのお》が心のなかで燃えるのです。

しかし、修行者は努力して、この考え方を変えていかなければならないのです。なぜならば、嫉妬という行為《こうい》、あるいは妬みという行為は、他人《たにん》を破壊《はかい》する想念感情であるのみならず、自分自身をも破壊する感情だからです。

それぞれの人が、心のなかに「理想像」というものを持っています。心の奥底《おくそこ》に内部理想を持っているものなのです。

ところが、この嫉妬心というものは、要するに、「他人を押《お》し下げたい」という気持ちなのです。

しかし、その押し下げたいと思う他人は、実は、ほかならぬ「自分自身の理想像」でもあるのです。本当は、自分がそのようになりたいのです。そうであるにもかかわらず、そこに自分ではなく他人が立っていることが許せないでいるのです。

したがって、他人に嫉妬するという気持ちは、結局のところ、自分自身の内部にある「理想」や「理想の芽」を傷つけてしまう行為となるのです。他人に嫉妬すると、結局、「自分は、そのようになりたくない」という方向へと、潜在《せんざい》意識下では動いていくのです。そのように、やがて反対となってくる、逆になってくるのです。したがって、嫉妬という感情は、「他を害する」という観点のみならず、「自分をも害さない」という意味においても、克服《こくふく》していかなければならんのです。

その克服の方法について、まず言えることは、「他人によって克服されるものではない」ということであります。

妬みを発する人は、ともすれば、原因を他人に帰《き》してしまいます。「自分には原因がない。他の人が、他の人が……」という気持ちが強くなります。

しかしながら、問題は、やはり自分自身にあるのです。「自分より評価を受けている人の存在がとても許せない」というような狭《せま》い心をつくっているのは、ほかならぬ自分自身であるのです。

嫉妬心を克服するには「日々の精進《しょうじん》によって自己信頼《しんらい》を深めること」

なぜ、そのような狭い心が起きてくるのか。なぜ、そのような偏狭《へんきょう》な心が起きてくるのか。

それは、結局のところ、根本的に自分自身に対する確信がないからです。自信がないからなのです。「自己信頼《しんらい》」がないからなのです。

なぜ、「自己信頼」がないか。それは、「多くの人々に評価されるほどの実績がない自分」を重々知っているからなのです。人にほめられるほどの自分ではないけれども、しかし、人にはほめられたいと思う。ここにギャップがあります。このギャップをいかに克服するか。

このギャップを克服するために、安易な道に走る人もいます。安易な道に走る方向に、二つあります。

一つは、「この世的に注目されるようなことをする」という方向です。テレビに出る。名前を売る。あるいは、人の目につくようなことをする。こういう方は数多くいます。この世的に自分の名前や顔を売って満足しようとする傾向《けいこう》が、一つにはあるでしょう。

もう一つは、「この世を離《はな》れた世界において、自分を認めてもらいたい」という気持ちです。

自分は、この世的には大した成功はできないけれども、この世的ではない世界、例えば、「真理の世界」「宗教の世界」、そうした世界においては、自分は〝偉大な人〟となりえるのではないのか。あるいは、会社では邪魔者扱《じゃまものあつか》いをされていても、真理の団体のなかにおいては脚光《きゃっこう》を浴びることがあるのではないか。もしかしたら、自分は「光の天使」ではないのか、「偉大な如来《にょらい》」ではないのか。

ただそれだけを認めてほしくて、幸福の科学に来ているという人もいるわけです。

しかし、そういう方も、もう一度、考えてみなければいけません。原因は外にはない。自分自身のなかにある。自分自身が自分の値打ちに納得《なっとく》がいくならば、他の人の評価や他の人の目は気にならないはずであります。自分のなかが、がらんどうであるからこそ、それを何とかして繕《つくろ》いたいと思っているのではないでしょうか。

私には、そのように思えるのです。

では、こういった人は、どうすればよいのか。

これに関しては、過去、いろいろなかたちで述べてきたわけです。それが、一つには「精進《しょうじん》」ということであります。ここで言う精進とは、「日々の精進」です。「日々に積み重ねていく」ということであります。これが大事なのです。

自分のマイナス感情や劣等《れっとう》感などが、一躍《いちやく》解消されると思ってはならないのです。また、安易な成功でもって、すぐ解消されたと思ってもならないのです。さまざまな毀誉褒貶《きよほうへん》のなかで、「動かざる自分」、「動かざる目」、「自分を冷静に見る目」というものを忘れてはならないのです。

3　平凡性《へいぼん》の自覚からの出発

何でもできる〝自称《じしょう》スーパーマン〟の心のなか

私は、みなさんにさまざまな話をしていますが、自分自身をそれほど優《すぐ》れた人間だと思っているかというと、決して思ってはいないのです。

生来《せいらい》、これ平凡《へいぼん》であり、「平凡からのスタート」です。私は今まで、人より優れている自分の素質を自覚したことは、決してありません。常に、「平凡である」ということを知っていました。「平凡であるということが、それを自覚するということが、また、非凡なる道を拓《ひら》くための一つの鍵《かぎ》になる」ということを、私は知りました。

世に才能の溢《あふ》れている方は数多くいるでしょう。男性のみなさん、あるいは女性のみなさんも、会社に勤めている方は多いと思いますが、そのなかには、誰《だれ》が見ても隙《すき》のないような方がいるはずです。どんな会社のなかにも、そういう人がいます。

頭の切れ味は非常によい。人と話をさせても非常に上手である。仕事をさせると非常に速い。マージャンをさせるとうまい。ゴルフをさせても非常にうまい。酒を飲んだら底知れず、歌を歌わせたらうまい。女性にもよくモテる。いわゆる「何でも来い」です。

そういう〝自称《じしょう》スーパーマン〟は、いろいろな部署にたいてい一人ぐらいはいるものでしょう。そして、そういう〝自称スーパーマン〟は、常に、他の人々を刺激《しげき》することを心掛《こころが》けています。「何でもできる」ということでもって、刺激するわけです。

こういう人はいるでしょうし、こういう人を見て、劣等《れっとう》感を感じている方も数多くいると思います。

私も、そういう方にいろいろ会ったことはありますし、一緒《いっしょ》に仕事をしたこともあります。

そういう方と一緒に仕事をしていると、しばらくはたいへんうらやましく思うのですが、ある期間を過ぎると、うらやましく感じなくなるときが来ます。

なぜ感じなくなるかというと、多芸、多趣味《たしゅみ》で多能であるということで、一生懸命《いっしょうけんめい》、自分を飾《かざ》っていることが分かってくるからです。「常に、人々から『あいつはすごいやつだ』と言われないと落ち着かない、我慢《がまん》できない」という性格であるわけです。

こういう人は、心の底においては、けっこう「寂《さび》しさ」というものがあります。もっともっと本当の意味で認められたいのだけれども、どこかに「認められていない」という気持ちがあるのです。それが「何でもできるオールマイティーの人間をつくろう、見せよう」というようにさせるのです。

私は、そういう人と接してきても、あまり魅力《みりょく》を感じなかったのです。なぜ、魅力を感じないのか。「ああいうふうにはなれない」と思うけれども、そのなかに、どこか真実味がないような気がするからです。どこに真実味がないのかというと、彼らは、「人より劣《おと》っているところを決して見せたくはない。人よりここが劣っているということを決して見られたくない」という気持ちで、ガードを固めながら生活をし、仕事をしているわけです。その人の心にはいつも波風《なみかぜ》が立っていて、「不安」と「焦燥《しょうそう》」といったもので満たされているのです。

「平凡からの出発」だからこそできる「積み上げていく人生」

私は生来、平凡なので、諦《あきら》めというものも非常に早いわけであって、「自分には自分の得意の領域はあるけれども、それ以外の領域においては無理をしない」という方針を取ってきました。

「さまざまなことを一通り知っている」というのは大事なことです。人間には「視野の広さ」というのが大事ですし、「経験」というものも大事です。

そのように、いろいろなことを一通り知っていることは大事ではありますが、オールラウンドプレーヤーとして、「何でも来い」という生き方をしている人は、その晩年において寂《さみ》しい人生を生きていることが多いように見受けられます。

それは、誰から見てもよいというような人生ではあるけれども、自分自身にとって素晴《すば》らしい人生では決してなかったからだと思います。誰が見てもよいというような人生は生きたけれども、自分自身が、この道が素晴らしいと思えるような人生ではなかったからではないでしょうか。

そういうことを感じるときに、私たちは、あるいは私自身は、「誰から見ても素晴らしい人生」というよりは、「少なくとも自分が納得《なっとく》するような生き方」をしたいものだと思いました。

ですから、自分の能力に対して、ある程度の見切りということも大事なわけです。「発展の原理」として、こういった話を読み、がっかりされる方もいるかもしれませんが、実は、これが「発展」につながっていくのです。

人間というものは、誰でも一日二十四時間しか時間が与《あた》えられていないのです。

それは、みなさんも私も同じですし、アメリカ人も、中国人も、アフリカ人も、ヨーロッパの人もみんな、一日は二十四時間しかないのです。また、人生が百年以上あるということは、あまりありません。

しかし、毎朝、目が覚めると、二十四時間という「時間」が〝財布《さいふ》〟のなかにぎっしり詰《つ》まっていることも事実です。そのように、全員に同じ時間が与えられているのです。この時間の枠《わく》のなかで、私たちは生きています。

この枠のなかで生きているときに、われわれは決して「全智全能《ぜんちぜんのう》の神」を目指すわけにはいかないのです。

例えば、レオナルド・ダ・ヴィンチのような方もいるかもしれませんが、そのように生きていける可能性というのは非常に低いわけです。

そうであるならば、私たちは、平凡な個であること、平凡な一個人であるということの自覚から、まず出発しなければいけません。「自分は過去世《かこぜ》において偉大《いだい》な光の天使ではないのか」とか、「魂《たましい》において非常に古いのではないか」とか、こういう考えを持って自分を高揚《こうよう》させることもある意味では必要かもしれませんが、「平凡からの出発」ということも大事だと、私は思います。平凡から出発するからこそ、また、「積み上げていく人生」というものができるということです。

4　現代的中道《ちゅうどう》の捉《とら》え方

自分の内部理想に時間を配分していくことが「人生の成功の鍵《かぎ》」

みなさんのなかには、「こういう真理の勉強をしていることで、会社生活のなかにおいて、どういうプラスがあるだろうか」というように頭を巡《めぐ》らせている人もいるでしょう。

先ほど話した例を挙げるとするならば、「会社のなかで出世していくには、多くの人々と付き合わねばならないのではないのか。徹夜《てつや》でマージャンをやっても、毎晩お酒を飲んでも、平気で会社に出てこられるようなタフな体でないといけないのではないか」といったことを考えている人もいるかもしれません。

ただ、私がみなさんに「出発点」としてお勧《すす》めしたいことは、まず「平凡《へいぼん》性の自覚」です。「自分の一日は二十四時間であり、自分の才能には限られた面がある」ということを、まず知らなければいけません。そうして数十年の人生を生きていくならば、そのなかで、「これがいちばん自分の魂《たましい》に響《ひび》きを感ずる」というもの、「自分自身の内を見たときに、内部理想を感じる」というものに振《ふ》り向けていかなければ損でしょう。

「自分は無限の才能を持っている」と思う人はよいですが、そうではない方は、やはり、自分のいちばん大切だと思うこと、いちばん意味を感じることに、自分の時間という資源を傾斜配分《けいしゃはいぶん》していくことが大事であると思います。そして、これが「人生の成功の鍵《かぎ》」であると、私は思うわけです。

現代的中道①——自分がいちばん価値を感じる「本業」に持ち時間の八割を充《あ》て、残りの二割で「経験」を広げる

セミナーなどでも話をしましたが、私も以前、商社マンをしていたので、一通り

いろいろなことはやったことがあります。

ただ、そこで、のめり込《こ》まないことが非常に大事であるわけです。

私について述べると、今は、「心の勉強」あるいは「心の教えを説く」ということが、私の重大課題となっていて、ここ数年間は、これがいちばん大きなテーマでした。

そうであるならば、やはり、これに八割の精力を注ぐべきであり、残りの二割をいろいろな経験のために使っていくということです。こういう考え方をしてきました。

では、残りの二割のなかで何をするのかというと、「単に自分が一人で籠《こ》もっているだけでは得られない人生経験の部分を、残りの二割のなかで消化していく」ということであります。

・商社時代での「時間の生み出し方」

みなさんのなかには、ゴルフが好きな方もいるでしょう。ハンディが幾《いく》つであるとか、そういったことで競《きそ》っている人もおそらくいるはずです。ハンディが「シングル」であるとか、「十」であるとか、「二十」であるとか、こういうことで競っておられる方もいるでしょう。

みなさんは驚《おどろ》くかもしれませんが、私もゴルフをしたことはあります。ただし、のめり込みはしません。要するに、「どのあたりまでやるか」ということです。

例えば、仕事をしながらも、商社マンであるならば、冬はありませんが、春から夏、秋口にかけて、月に一回ぐらい、やはり「お付き合い」はあるものでしょう。これは仕事の関係でもあって、どうしても「交際」「付き合い」というものはあります。どうしても付き合わなければいけないことがあるわけです。

しかし、本人としては、それに丸一日、時間を取られたくありません。では、どうするかというと、やはり、ほどほどのところで妥協《だきょう》する以外にないわけです。

ゴルフには「ハンディ」というものがありますが、ハンディで言えば、私はオフィシャルハンディが三十ぐらいなので、いちばん新米になります。ただ、それでも何とか各ホールを回っていると、人より一打か二打多く打つぐらいで、何とかついていけるという感じなので、このあたりで我慢《がまん》をしました。

さらに、商社マンとしてマージャンはしたかというと、したことはあります。したことはあるけれども、〝し続けた〟ことはありません。もちろん、二回や三回はやったことがありますが、あるとき、私はよい言い訳を見つけたのです。

実は、私は、かつてニューヨークにいたころ、アメリカ人とマージャンをして負けました。それで、以後、断るときには、「私は、アメリカ人とマージャンをやって負けました。それで牌《パイ》を捨てました」ということで一貫《いっかん》しています。「日本人として、非常に恥《は》ずかしかった。アメリカ人に負けた。だから、以後、牌は二度と握《にぎ》るまいと心に誓《ちか》いました」。これ一本で通したのです。

すると、以後、夜の時間が取れるようになりました。やり方は、いろいろあるわけです。

・高校時代、商社時代のスポーツ体験等での「時間の傾斜配分」

こうしたことはスポーツという面にもあります。私は、高校時代から剣道《けんどう》をやっていて、初段までは取りました。大学に入ってからも多少やったので、もちろん、やり続ければ二段、三段と取れるのですが、これに使う時間と、これ以外に使う時間とをよく考えてみたら、やはり、「時間の傾斜配分を考えると、このあたりで諦《あきら》めておいたほうが無難《ぶなん》である」ということで、初段を取った段階で止めて、あとは深入りしませんでした。しかし、実際の試合での実力は二〜三段でした。

また、テニスもやったことがありますし、実は、会社にいたときにはテニス部のキャプテンをやっていたことがあるのです。毎月一回ぐらいはやっていたのですが、それにのめり込んだかといえば、決してのめり込んではいませんでした。

なぜ、私がキャプテンになったかというと、人を集めるのがうまいというだけだったのです。公式戦に出て勝ったことはあまりありません。チームのなかで、キャプテンが頼《たよ》りなかったのです。素振りはできるし、球《たま》は当たるけれども、場外ホームランもよく出て、決して十分ではありませんでした。しかし、人心《じんしん》をつかむ術があれば、キャプテンになれるのです。

あるいは、私がいると、クラブの予算がよく出ました。私が人事・総務部と交渉《こうしょう》すると予算をたくさん引き出してくるので、キャプテンにされたのです。そういうことで、二年以上やっていました。ただ、人徳中心のキャプテンです。

それでも満足していました。四十人か五十人の人が一緒《いっしょ》にやっていたのですが、私がいればそれでまとまって、私がいれば予算が出て、私がいれば合宿に行くにも許可が出るということであったので、「いるだけでよい」という、いわゆる〝存在の愛〟の体現でした。存在の愛の、存在の愛たる理由は〝行動しない〟ということであって、「単に存在するだけで、みんなが幸せになるなら、こんなよいことはない」ということで、月に一回ぐらいは、テニスのコートで存在していたわけです（本当の実力は、プロテニスコーチ文科省認定C級レベルだった）。

そのように、いろいろなことに首を突《つ》っ込んだことはありますが、そこそこのところで押《お》さえる、セーブするというのが、私のやり方でした。

例えば、会社でも、営業のほうの人もたくさんいると思いますが、「お酒の付き合い」というものがあると思います。これをまともにやっていると、月曜から金曜まで続くわけです。しかし、断って帰ると、「脱落《だつらく》した」というように言われるであろうと思います。

私は、あまりお酒は飲めません。ビールで言うと、中瓶《ちゅうびん》も飲めないかもしれません。小瓶か中瓶ぐらいでしょうか。水割りで言うと、二杯《はい》が限度です。

どうしてもしかたがない付き合いがあって、午後の七時から夜中の三時までの八時間、グラス二杯しか飲めない力量でお酒に付き合うと、どうなるかというと、もちろん、氷ばかり入れて、飲んだふりをしながら、歌を歌っているということになります。

このようにいろいろありますが、「決して〝スーパーマンになること〟を求めない。しかし、まったく人との付き合いや常識から外れた生き方もしない」、こういうことを貫《つらぬ》いたわけです。

「本業に八割、それ以外に二割を使い、そして、その二割のなかで経験は広めるけれども、自分にはそれほど才能がないと思えば深入りはしない」、こういう主義でやってきました。これ以外にも、首だけ突っ込んだことはいくらでもあるのですが、基本的には、やはり、「中心部分を押さえる」ということが大事であるわけです。

こうして中心部分を押さえたときに、これが「無限の成功への道」へとつながっていくのです。

「二十四時間のなかで、いかに最高度の人生を生きるか」を考えよ

では、どのようにつながっていくのでしょうか。

人間は、自分がいちばん価値を感ずるものには、継続《けいぞく》した努力をすることが可能であるわけです。それを倦《う》まず弛《たゆ》まず、五年、十年、二十年と続けていくことが可能です。しかし、自分が価値を感じていないものに関しては、長く続けることができないのであります。

さすれば、人間としてこの世に生を享《う》け、また、「自分の個人としての力量には限られたものがある」ということを自覚することを前提とするならば、みなさんがた一人ひとりが成功していくためには、「自分自身の魂のなかにおける、いちばん光っている部分、いちばん惹《ひ》かれる部分、いちばん素晴《すば》らしいと思う部分に対して、断じて目を背《そむ》けてはならない」ということであります。「自分の最高のものを引き出す」ということから、断じて目を背けてはならないのであります。

そして、一日が二十四時間しかないのであるならば、やはり、「この二十四時間のなかで、いかに最高度の人生を生きるか」ということを考えていくのが筋《すじ》であります。

これが、一つの「現代的中道《ちゅうどう》のあり方」であるということを、私は今、みなさんに話をしているのです。

「幸福の科学にいるから、真理以外のことには一切《いっさい》関心を持たないで社会生活をする」ということが、はたして、現代において正しいあり方かといえば、そうではないということを言いたいのです。そうした生活であれば、確かに、みなさん自身の「心の王国」は護《まも》れるかもしれませんが、それでは、みなさんが人生の途上《とじょう》で出会った他の人々からいろいろな影響《えいきょう》を受け、また、彼らにいろいろな影響を与《あた》えるという機会を失ってしまうことになるからであります。

〝孤独《こどく》な哲人《てつじん》〟として生きていくことが、われらにとって真に望ましいことではありません。〝孤独な哲人〟としてのみ生きるのであれば、天上界《てんじょうかい》で瞑想《めいそう》でもしていれば、それでよかったのです。あえてこの世に出てきたということは、「他者とのかかわり合いのなかにおいて、何らかの修行《しゅぎょう》の糧《かて》がある」ということなのです。ですから、自分を磨《みが》くほどに、その影響力が増してこなければいけません。そして、人生の時間のなかにおいては、無駄《むだ》と思われるものもあるかもしれないけれども、そのなかにも、魂を磨く「経験」の部分をつかみ取っていく必要はあるのではないでしょうか。

自分を磨きつつ、徐々《じょじょ》に影響力を出していく「中道の考え方」

自分の主たる関心でないものに百パーセントを使ってしまう人生は愚《おろ》かです。しかし、百パーセント自分だけの人生を生きてもいけないのです。それは、「他の人々へ影響を与える」という時間を失ってしまうからであります。

私は今、こうしたかたちで、二カ月に一回、みなさんと話をしています。本来であるならば、もっともっと多くの人に接して、いろいろなことを語りたいという気持ちがあります。一人でも多くの人に接して話をしたいという気持ちもあります。

しかし、私自身の現在の生活のなかにも、この「中道の考え方」はしっかりと生きているわけです。百パーセント自分のためだけに生きるのでもなく、百パーセント他の人のためだけに生きるのでもなく、自分のなかにおいて、自分の納得《なっとく》する時間を持ちながら、できるだけ他の人々と接し、影響を与え、また、与えられる機会を持ちたいと思っているということであります。

まず、「自分を磨く」ということに関し、現在でも、私は八割の時間を使っています。そして、残りの二割の部分を、他の人々と会う時間に使っているのです。

この比率は、みなさんから考えれば、一見、不思議に思えるかもしれません。本当に真理を弘《ひろ》め、本当に人を救いたいと思うなら、そんなことではいけない。一日二十四時間、身を粉《こ》にして、多くの人に会い、話をすべきだ。そのように思う人もいるかもしれません。

ただ、その考えは、「短距離《たんきょり》競争の考え方」であるのです。百メートルは全力疾《しっ》走《そう》できるかもしれませんが、その走り方でもっては、〝人生の長距離マラソン〟は走り抜《ぬ》けないのです。

やはり、自分というものを固めていくなかに、徐々《じょじょ》に徐々に、自分の影響力というものを出していく、他の人々を影響していくということが大事であるわけです。

現代的中道②──「水面下の氷山《ひょうざん》」の部分をつくっていく

これから当会も、もちろん、会員も増え、あるいは、一回の講演の来場者も、二千人、三千人、四千人、五千人となっていくでしょう（説法《せっぽう》当時。現在、すでに五万人を超《こ》える規模の講演会が行われている）。そうしたときに、私は、多くの人々に説きうる法というものをつくっていかねばならないわけです。

これが、先を見据《みす》えた生き方であります。

すなわち、二十四時間のなかにおいて、現在だけにすべてを放射、発散させるのではなく、将来のための布石を打っておくということ、将来のための蓄積《ちくせき》をつくっていくということ、こういう考え方が非常に大事なのであります。

特に、「人に道を説く」という立場に立つ以上、人間の心の問題、あるいは自分自身の問題というものは、考えても考えても考えても、それで十分すぎるということは、決してないのであります。

ましてや、みなさんがたもそうです。会員のなかには、セミナーや研修会の試験における成績優秀者《ゆうしゅうしゃ》ということで、表彰《ひょうしょう》された方もおられると思いますが（説法当時）、そうした方々は、おそらく私たちの試験において九十点以上取られた方々ばかりでありましょう。しかし、その成績は、いちおう最高は百点満点ということになってはいるけれども、神の目から見たならば、その九十何点というのは、「一万点のなかの九十何点」かも分からず、「百万点のなかの九十何点」かも分からず、「一億点のなかの九十何点」かも分からないのです。ゴールまで残り何点かがあいているというだけではなく、本当は、その先には「はるかなる世界が広がっている」ということを知らねばならないのです。

何を言わんとしているのかというと、みなさんがたは今、情熱が満ち満ちてきており、また、「この真理を知ったという喜びを、一人でも多くの人に広げたい」と思っているでしょうが、そのなかにおいて、自分の内に「蓄積」という考えを忘れてはならない、「充電《じゅうでん》」という考えを忘れてはならないということであります。この考えを忘れたときに、他人《たにん》との関係においても、さまざまに揺《ゆ》れる自分というものがあるのです。

外に出ている自分が百パーセントの自分であるからこそ、他の人の評価に左右されるのです。外に出ている自分は、氷山《ひょうざん》の一角《いっかく》として、一割、二割が出ているだけでよいのであります。そして、残りの八割、九割の部分は、内へと深く深く掘《ほ》り下げている自分であってよいのです。そうした「重しの部分」「水面下の部分」があるからこそ、人生の波風《なみかぜ》を乗り切っていくことができるのであります。

水面上に浮《う》かんでいる自分が自分のすべてであるならば、それが、さまざまに左右の両極端《りょうきょくたん》に揺れていく原因をつくり出していくということを知らなくてはなりません。

「表面だけの自分」というものをあまり考えすぎてはいけない、そういうものに心をとらわれすぎてはいけないのです。

その「表面下の部分」「水面下の部分」の自分にこそ、自信を持たねばならない。他人《ひと》の評価の対象とならない部分の自分にこそ、自信を持たねばならないのです。

今、胸に手を当てて、よく考えてほしいのです。自分には、その「水面下の部分」がいくらあるかを考えてほしいのです。他人の目に触《ふ》れ、他人の評価の対象となるところを取り除いたときに、自分には、それ以外にいったいどれだけのものがあるかどうかを考えてほしいのです。

どうですか。仕事というものを取ったときに、何が残りますか。あるいは、家族というものを取ったときに、何が残りますか。そうしたことを考えてみてください。日ごろ、接する人々の評価の対象となるべき自分の姿を取り去ったときに、あとには何が残りますか。これを考えてほしいのです。

この他人の目に触れない部分、「水面下の部分」が大きくなればなるほど、氷山は大きくなっていくのです。そして、少々の波風では揺れなくなってくるのでありま す。こうして「不動心」というものができてきます。

「こうした水面下の部分をつくるということも、これもまた、中道に入《い》るための方法の一つである」ということを知らねばなりません。

水面上に出ているところがほとんどであるからこそ、人の言葉に対して、怒《いか》ったり、憎悪《ぞうお》したり、嫉妬《しっと》したり、愚痴《ぐち》ったりするのではないでしょうか。そういう、誰《だれ》の目にも見える、〝見え見えの自分〟に自信がないから、そうなるのではないでしょうか。ほかの人の目に見えない部分に、八割、九割の自分があり、そこに絶大なる自信というものがあったときに、他人《たにん》とのかかわりにおいて、感情的になる自分があるでしょうか。

感情的になる人というのは、要するに、自我の部分、「自分が、自分が」と思う部分が大きすぎるのです。そんなに自分のことを思うのなら、もっともっと自《みず》らの内を掘り下げてみなさいと言いたいのです。他の人に見えない部分で、もっともっと偉大《いだい》な自分をつくってみなさいと言いたいのです。私はそれを言っておきたいと思います。

先ほど、現代において中道に入る方法として、「自分が最も興味を持つものに八割の力を割《さ》いて、残りの二割で、さまざまな社会経験を積んでいく」ということを挙げましたが、もう一つの考え方として、これは、ある意味においては同じ考えでもありますけれども、「水面下の部分をつくっていく、水面下の氷山の部分をつくっていく」ということがあります。それが人生の安定となり、大いなる中道に入るための方法の一つであるのです。

「自分の人生の基礎《きそ》の部分をつくる」ということです。これをつくっておくということが、さまざまな波風に耐《た》えていくための方法論となっていくのです。

現代的中道③――「常に前進する」という方向性を持つ

では、中道に入る方法の第三点はいったい何であるか。いったいどのような考えが三番目にあるだろうか。それは、「常に前に進む自分であれ」ということです。

これは自転車の原理と同じです。

みなさんも、初めて自転車に乗ったときには、「こうした不安定なものになぜ乗れるのか」と思ったのではないでしょうか。二つの輪しかないし、その上、タイヤの幅《はば》はわずか五センチ、十センチしかありません。どうして、あんなものの上に座《すわ》っていられるのでしょうか。みなさん、そう思わなかったですか。

なぜ、こんな乗り物が発明されたのだろうか。通常で考えるなら、やはり、四輪車が普通《ふつう》である。あるいは、少なくとも三輪車で走るのが普通である。それを二輪車をつくる。二輪車をつくって、人々はそれを乗り回している。誰がそんなことを考えついたのであろうか。こんな不安定なものにまたがって、まっすぐ進めるわけがない。そう思ったはずです。

しかし、その自転車は、静止した状態では倒《たお》れるけれども、「常に進む」という状況《じょうきょう》においては、倒れません。ここに、自転車が倒れない理由があるわけです。

すなわち、右せず左せず生きる生き方において、自分を実現していくためには、常に前進していく自分でなければならないのです。「右にするか、左にするか」という、その力学的問題を解決するためには、「常に前進する」という方向性が必要なのであります。

極端な自分を切り詰《つ》めて、中道に入ることができるためには、「常に前向きに進んでいる」という自分の確認があって、初めて成り立つのであります。毎日、何もしないで座しているだけで、「中道に入った」とは言いません。少なくとも、中道が中《なか》なる道である以上、道は進んでいくためにあるのです。前に進んでいくためにこそあるのです。

以上、私は、「八割と二割」という考え、次に、「水面下の部分、他人《ひと》の評価の対象にならない部分をつくる」という考え、三番目に、「まっすぐに前に進んでいく、常に前進していく自分であれ、こうした方向性を持て」という三つのことを述べました。これが、現代的な中道の一つの考え方であり、非常に分かりやすい捉《とら》え方であろうと思います。

5 中道《ちゅうどう》に入《い》り、自《みずか》らを光り輝《かがや》かせる反省

「中道からの発展」のもととなる反省

今、述べたもの以外に、伝統的な方法があります。それが、いわゆる「反省」であります。

反省の方法については、数限りない考え方がありますし、数限りない視点があります。この反省ということ一つを取ってみても、本当は、一人ひとりの人に対して、手を取り足を取って教えなければ分からない部分があるのです。

ただ、私が繰《く》り返し繰り返し話をしているとおり、「反省をせよ」ということは、決して、「人間罪の子ということを認めよ」と言っているのではないのであります。真っ黒に汚《よご》れた自分を見つめて、真っ黒などうしようもない自分であるけれども、

それをどうにかしようとしているのではないのであります。自《みずか》らを省《かえり》みるときには、自らの心のなかに、常に「ダイヤモンドの原石」のごとく光り輝《かがや》いている本質があることを、決して忘れてはならないのであります。

これが、今回、私が説いている反省の特色の一つでもあります。

反省によって、

自らの悪を完全に取り除くということのみをしているのではない。

「人間罪の子」を言っているのではない。

単に「間違《まちが》いを正せ」とだけ言っているのではない。

その奥《おく》に、素晴《すば》らしい自分があるということを忘れるな。

中心には金剛石《こんごうせき》の部分があることを忘れるな。

その部分は、高級霊《こうきゅうれい》と一体の部分であり、

神仏とつながっているパイプの部分である。

黄金のパイプの部分である。
これが自分のなかにあることを忘れるな。
この自分のなかにある一本の黄金のパイプというものを通じて、
高級諸霊たちから光が流されてきているという、
そういう自分のあり方をいったん知った上で、
このパイプの周りについている曇《くも》りを取り除いていくべきである。
こういうことを言っているのです。

したがって、私が説いている「反省」というのは、決して、自分を徹底《てってい》的に惨《みじ》めにする行為《こうい》でもなければ、自己卑下《ひげ》をすることでもないのであります。
反省ということを通すことによって、みなさんがたは、本当に湯上がりのようなさっぱりとした、いい気分になっていかなければならない。「本当に温かい自分」「すっきりした自分」「優《やさ》しい自分」「素晴らしく見える自分」にならなければならない。反省のあとに光ってくる自分でなければいけない。反省のあとに、ボロボロになった雑巾《ぞうきん》のような自分が見えるだけでは、まだ十分ではない。それは、自分のなかにある本当の神の子の実相を、まだ認めていないということである。

「本当の自分の内の内には、それだけの素晴らしいものがある」ということをしっかりとつかんだ上で、その表面の垢《あか》を落としていくということが大事であるわけです。

この表面の垢を取り除いていく方法の一つに、「八正道《はっしょうどう》」というものがあります。これについては、「真説《しんせつ》・八正道」として、すでに現代的に易《やさ》しく話をしました。

「正見《しょうけん》」で、極端《きょくたん》な「過大評価」と「過小評価」を去ったバランスのある見方を

まず、「正しく見る」ということがあります。

「見る」ということ一つを取っても、どれほど難しいかということを、みなさん

がたは、日ごろ体験しているはずです。

自分は他人《たにん》を見て、「こんな人間だ」と思っているけれども、その他人が自分自身を見る目と、自分が他人を見る目とが食い違っていて、そのことにも気がつかず、何十年も生きていくことができるということです。

例えば、周りの人がみな、自分のことを本当はほめてくれているにもかかわらず、「自分は駄目《だめ》な人間だ」と思い続けているような人もいるわけです。結局、「見る」ということができていないのです。逆もよくあります。自分は素晴らしいと思っているのに、周りは全員、「あの人は大変な人だ」と言っていることもあるのです。それに気がつかない人もいます。

したがって、この私たちの目というものが、どれほど体にぴったりと埋《う》まっていて、融通《ゆうずう》が利《き》かないかということを考えてみなければならない。

この目をもっと違ったところにつけてみなければいけない。自分を「過大評価」してしまっても、また転落の基《もとい》となるけれども、「過小評価」しすぎてもいけない。

この「正しく自分を見つめる」ということは、何にも増して大事です。

そうしたときに、一つのバランスの取れた考え方があると思います。それは、「いろいろなものの見方があることを知る」ということです。たとえ、みなさんのことを悪く言う人がいたとしても、みなさんのことをよく思ってくれている人も、またどこかにいるはずである。こういう見方も、一つの「人生の安全弁」であろうと思います。

私たちは、ともすれば「オール・オア・ナッシング」になってしまいます。「自分は完全に人から好かれているか、完全に嫌《きら》われているか」というように、極端《きょくたん》から極端へと見方が移っていくことがありますが、実際はそうではないというものの見方を知らねばならないということであります。

思いを軌道《きどう》修正して、魂《たましい》を磨《みが》き輝《かがや》かせる「正思《しょうし》」

・心のなかに思っていることが自分自身である

また、八正道のなかには「正しく思う」ということがあります。

これは難しいことです。難しいけれども、いちばんの出発点でもあります。なぜならば、現代人の多くは、「心のなかに思っていることが、ほかならぬあなた自身である」ということを知らないからです。

自分自身というのは、名刺《めいし》に刷られている肩書《かたがき》だと思っている人がたくさんいるのです。戸籍《こせき》のなかに書いてある名前だと思っている人がたくさんいるのです。大学の名前であるとか、会社の名前であるとか、そんなものが自分だと思っている人がたくさんいるのです。あるいは、人がほめてくれたその評価こそが自分だと思っている人がたくさんいるのです。

しかし、そうではないのです。

「その人が思っていることが、すなわち、その人自身である」という言葉は、かつてローマの賢帝《けんてい》といわれたマルクス・アウレリウスという人が、『自省録《じせいろく》』のなかに書いた言葉であります。そして、この言葉は、アメリカの光明《こうみょう》思想家のエマソンという人が使ったことで、一躍《いちやく》有名になりました。心理学的には、この「あなたが考えていることが、すなわち、あなた自身である」ということが、いろいろなかたちで使われています。

実際、そのとおりなのです。地上を去ったあの世では、思っていること以外何もないのです。みなさんがたの思っていることがすべてなのです。これがすべてなのです。これ以外何もないのです。

実際上、手も足も口も本当はないのです。あるように自分が思っているから、そのように現れているだけであって、本来はありもしない。脳みそもないのです。歯もないのです。何もないのです。あるのは「思い」だけなのです。

そして、私たちが永遠の転生輪廻《てんしょうりんね》をして、魂修行《たましいしゅぎょう》をしている以上、実際に磨《みが》いているのは何かというと、「思い」の部分を磨いています。すなわち、この「正しく思う」ということが解決できれば、はっきり言って、今世《こんぜ》の修行は、ほぼ八割がた終わったことと同じであります。

・一日のなかで自らの「思いのチェック」をする

しかし、たいていの人は、「思う」ということを考えたこともない。それどころか、「思う」ということを思ったこともないわけです。「思う」ということを思いもしないで、毎日を生きているのです。どうしているのかというと、とりとめもない考えが、右から左から頭をよぎっているだけなのです。

みなさん、そうではありませんか。お昼前になったら「お昼に何を食べるか」を考える。お昼が終わったら「眠《ねむ》い」と思う。眠くなったら「コーヒーが飲みたい」と思う。そういう、とりとめもない考えや感想が、右から左から頭をよぎっているのではないですか。そういう人は、「思い」ということを本当に捉《とら》えていないのです。

目が覚めている間に、心のなかで思いが作動する時間は、少なくとも十六時間はあります。

その十六時間で、みなさんは何を思いましたか。何を考えましたか。こうしたことを振《ふ》り返ったことがありますか。一日十六時間、何が心のなかにありましたか。何もなかったですか。それとも、何かの感情が出ましたか。あるいは、たいていの場合は、何かをくよくよしているのではないですか。自分の悩《なや》み事に対して、くよくよしていませんか。経済問題であるとか、親のことであるとか、学校のことであるとか、仕事の問題であるとか、上司のことであるとか、そういう一つのことに思いが止まって、一日十六時間、そればかりが心のなかに止まっているのではないですか。

こんなことであってよいのですか。こんなもったいない時間の使い方をしてよいのですか。「思う」ということがすべてであるならば、そのままで放っておいてよいのですか。違うのではないですか。

この「『思い』をチェックする」ということが、反省の方法の一つであるのです。一日のうちの一定の時間で結構です。起きている間に、自分はいったい何を考えてきたか。いったい何を思ってきたか。〝がらんどう〟であったか。〝がらんどう〟のなかにガラクタは入っていたか。入っていなかったか。これをチェックする必要があります。

この十六時間を振り返ったときに、そこに高貴な思想が詰《つ》まっている人であるならば、実際に、その人の魂は高貴なのです。高貴なる魂なのです。その思いにおいて、愛の思いに満ちているならば、その人は立派な人なのです。慈悲《じひ》の思いで満ちているなら、立派な人であるのです。

どうですか。「『思い』のチェック」というものをしたことがあるでしょうか。時折、考えてみてほしいのです。それが、あなた自身の本当の姿なのです。一日の

「思い」を振り返ったときに、それが、まったく曇った思いであり、まったくの汚《お》辱《じょく》に満ちた思いであったならば、あなた自身もそういう人間であるということです。

ただ、これもまた、オール・オア・ナッシングではいけないのです。

一日のうちにはいろいろな思いが去来します。これは、人間である以上、しかたのないことです。けれども、よくない思いが去来したときの方法の一つとして、「それを取り除く」という考え方があります。「軌道《きどう》修正する」という考え方です。

いつもよいことしか考えられない人というのは、そう多くはないでしょう。自分の心がガラス箱のなかに入っているかのごとく、いつも見つめるということも、けっこう難しいかもしれません。

しかし、いろいろな雑念が湧《わ》いたりしても、それをまた軌道修正することによって、きれいになっていくのです。そういう「思いのあり方」というものを知ったならば、それを日々、実践《じっせん》していくことです。これが大事です。

6　発展に向けての反省

平凡《へいぼん》な自分でも、日々の積み重ねで非凡なる道を拓《ひら》く「正精進《しょうしょうじん》」

この「発展の原理」のなかにおいて、私がいちばん述べておきたいと思っていたことは、「中道《ちゅうどう》からの発展」ということですが、それが、次なる「正精進《しょうしょうじん》」から「正念《しょうねん》」という段階に当たります。

「精進する」「努力する」ということについては、何度も繰《く》り返して話をしてきましたし、今後も話をしていきます。

日々に積み重ねていかねばならない。「平凡《へいぼん》からの出発」であって、平凡なる自分であるからこそ、日々、努力する。

平凡な人間であっても、日々続け、積み重ねているということが、非凡なる道を拓くわけであります。本来、愚鈍であり、本来、愚かな自分であり、本来、大したことがないという自分であっても、「積み重ねていく」という行為《こうい》によって、非凡な人と同じような実績を出すことはできるのです。

私もそう思って生きてきました。

優秀《ゆうしゅう》な人はたくさんいます。賢《かしこ》い人はたくさんいます。才能の溢《あふ》れた人はたくさんいます。そういう人は、ほんの一年や二年で、あることをマスターしてしまうかもしれません。しかし、平凡な自分であるならば、亀《かめ》のごとき自分であるならば、他人《ひと》が二年でやることを五年でやればよいではないですか。十年でやればよいではないですか。

世の中には、才能に恵《めぐ》まれた人は大勢いると思います。しかし、私は、そういう人が一年で何かをマスターできるということを、決してうらやましく思いません。自分は平凡であるから、その人が一年しかやらないことを五年やることができる。五年でできなければ、十年やる。十倍の時間をかけて追いつけないとは、私は思わないのです。どんなことでも必ず追いつけると思います。そして、その間、それだけ自分が道を楽しむことができたということは、無上《むじょう》の喜びである。このように思うのです。

頭が悪いことを天に感謝することも大事です。悪いから、いろいろと勉強ができるのです。勉強のしがいがあるのです。むしろ、頭の悪い人ほど、神様に感謝しなければならないと思うのです。「それだけ自分は鍛《きた》えられる余地があるのだ」ということを知らねばならないと思います。

これが、正精進の考え方の一つであります。

「神のボランティア」の視点から、大いなる理想を実現する「正念《しょうねん》」

もう一つ、ここで主として述べておきたいことは、「正念」、「正しく念ずる」ということです。これが大事であります。いわゆる「自己実現」とも関係する部分でもあります。この理想の抱《いだ》き方、そして、その実現の仕方に多くの問題があり、人生の秘訣《ひけつ》があると、私は思うのであります。

今は自己実現流行《ばや》りであって、みなさんも、いろいろな書物や機会において、「自己実現のあり方」というものを学んでいるでしょう。しかし、それらの方法のなかの多くは、やはり、「この世的に人々に評価される」ということを理想としているように思います。

けれども、みなさんがたは今、真理の書物や講演、あるいはセミナー等を通して、さまざまなる新たな価値観、神の目から見た、高級霊《こうきゅうれい》の目から見た価値観というものを学んでいるはずです。そうした真理というものを知ったはずです。

そうであるならば、安易な自己実現、この世的な自己実現ではなく、「神の目から見た自己実現」ということを知らねばなりません。この点検を断じて怠《おこた》ってはならないのであります。

幸福の科学にも、多くの人が馳《は》せ参じてくれるようになりました。そうした人々のなかには、「自分はこうした真理の活動が好きであるから、何とか手伝いたい」

と言っている人が大勢います。「手伝わせてください」と言っている人が大勢います。

ただ、そこに一つの誤りがある場合がある。
その熱意は買う。その理想は買う。
「やりたい」という気持ちは買う。
しかし、自分の理想実現のために、真理の伝道をやってはならない。
そうではない。
私たちは、神の理想の実現のためにやっているのだという根本《こんぽん》を
忘れてはならない。
神の理想実現のためのボランティアであるということを
忘れてはならんということです。
私は、自分自身の理想を実現するためにやっているのではないのです。

神様の理想を実現するために、
今、神様のボランティアとしてやっているのです。
みなさん、そうした大いなる理想、目標はよいけれども、
どうか視点を間違《まちが》えてはいけないのです。
「それによって自分自身が自己実現できて、偉《えら》くなれたらよい」という視点で、
幸福の科学や真理といったものを考えてはいけないのです。
それは間違いです。
そうではない。
大いなる神の理想があって、
その理想に向かっていく大いなる流れがあって、
その流れのなかの「一つの水の粒子《りゅうし》」としての
「自分の役割」ということを、決して忘れてはいけない。
それを決して忘れてはいけない。

7　愛・祈《いの》り・自己実現

発展の究極にあるものは「神の心」

ですから、この「正念《しょうねん》」ということ、「正しく念じる」ということが、実は、「人生の成功の原理」であり、「人生を発展させていくための原理」でもあるわけですが、その発展の究極にあるものは、「神の心」でなければならないということです。

「発展の究極に神の心がある」ということは、それがすなわち、「愛の発展の究極の姿でもある」ということであります。

この観点を忘れてはならない。

ここに真の自己実現のための祈《いの》りというものがあります。

「正しき意味での発展」のためであれば、
この祈りというものが用いられてよいのです。
しかし、祈りということを自分が幸せになるためだけにやってはいけない。
そうではない。
その究極に神の理想があって、
「自分が神の理想に近づいていくための手足となれるように」
という祈りでなければいけない。
「そういう自分になれるために、高級諸霊《しょれい》よ、私を導いてください」
という祈りでなくてはならない。
これを間違《まちが》ってはならない。
断じて間違ってはならないのです。
すなわち、われらは、そういう正しい意味において、
愛と祈りを用いて、「真の自己実現」「真の成功」へと

向かっていかねばならないのです。

「愛の発展」の世界のなかを歩め

愛の発展の究極には神がある。
その愛の階梯《かいてい》を、われらは歩んでいるのであり、
われらは愛のなかに生き、
愛がすべてであり、
愛が生命《いのち》であり、
愛が光であり、
愛がエネルギーであり、
愛は一つの奔流《ほんりゅう》であり、
その奔流のなかに、自分が生きているのだということ。
そういう愛の大海《たいかい》のなかにあって、

大いなる理想のための祈りがあるということ。

「愛から祈りへ」「祈りから自己実現へ」。

このプロセスの本当の意味を忘れてはならない。

その「基礎《きそ》」にあるのは、
自分を見つめる心、自己確立、そして、「中道《ちゅうどう》に入《い》る」ということ。
それから、無限の愛と祈りがあり、
そして、「真の成功への道」が拓《ひら》けていくということです。
私もこの道を日々、歩んでおります。
みなさん、一緒《いっしょ》に頑張《がんば》っていきましょう。

〈特別収録〉

『幸福の原理』あとがき

百万人の同志が欲しい。今、私は本当にそう思う。私の唱導《しょうどう》している「幸福の原理」が、真に人々を救う道であることは、過去四年間に実証された。この実証を根拠として、一大救世運動をこの日本を舞台に繰りひろげたいのである。

この人類幸福化運動を、読者諸氏と共に展開してゆきたいのである。この日本から無神論を排除し、有害な精神活動を排除し、真理を国の柱としたいのである。真実を一人でも多くの人に知ってもらい、新時代の黎明《れいめい》を告げたいのである。

本書を手にした人よ、目覚めよ。救世の時代の主役はあなたである。

一九九〇年　九月

幸福《こうふく》の科学《かがく》グループ創始者兼総裁《そうししゃけんそうさい》　大川隆法《おおかわりゅうほう》

『悟りの原理』あとがき

「悟りの原理」「発展の原理」「知の原理」という、法の要《かなめ》ともいうべき諸原理がここに明かされた。これらは、真理に基づく修行に生きる者にとって、欠けてはならない精神の羅針盤である。厳しさと堅実さが、進化のさなかにある魂の転落を防止し、調和を形成するのである。

特に、中道からの発展や、知の発展段階説は、魂に永遠の進化を約束することになるだろう。

一九九〇年　十月

幸福の科学グループ創始者兼総裁　大川隆法

改訂・新版へのあとがき

私の宗教家としてのデビュー戦がどのようなものであったかがよくわかっただろう。

この熱い講演が全国に熱心な信者を創《つく》ったのである。

私は本書を読み返して、十代、二十代も、一生懸命に生きてきた自分を少しはほめてやりたくなった。

真面目《まじめ》であること。孤独を恐れず熱意をもって、真理を探究すること。そして万《まん》巻《がん》の書に立ち向かうこと。私的な愛に溺《おぼ》れず、公的な愛のために生き続けた、三十年間を思い返して、我が人生に悔《く》いなし、と今なら断言できる。

未来は、まだ長い。戦いは続いていくことだろう。

二〇二〇年　七月二十六日

幸福《こうふく》の科学《かがく》グループ創始者兼総裁《そうししゃけんそうさい》　大川隆法《おおかわりゅうほう》

『幸福の科学の十大原理（上巻）』関連書籍

『太陽の法』（大川隆法 著　幸福の科学出版刊）
『黄金の法』（同右）
『永遠の法』（同右）
『新・心の探究』（同右）
『真説・八正道』（同右）
『釈迦の本心』（同右）

※左記は書店では取り扱っておりません。最寄りの精舎・支部・拠点までお問い合わせください。
『大川隆法霊言全集』シリーズ（大川隆法 著　宗教法人幸福の科学刊）
『悪霊から身を守る法』（同右）
御法話ＤＶＤ「幸福の原理」（宗教法人幸福の科学刊）

御法話ＤＶＤ「愛の原理」（同右）
御法話ＤＶＤ「心の原理」（同右）
御法話ＤＶＤ「悟りの原理」（同右）
御法話ＤＶＤ「発展の原理」（同右）

本書は一九九〇年に発刊された旧版を
改訂したものです。

幸福《こうふく》の科学《かがく》の十大原理《じゅうだいげんり》（上巻《じょうかん》）
――エル・カンターレ「教えの原点」――

2020年8月28日　初版第1刷
2024年4月26日　　　第7刷

著　者　大《おお》　川《かわ》　隆《りゅう》　法《ほう》

発行所　幸福の科学出版株式会社

〒107-0052 東京都港区赤坂2丁目10番8号
TEL(03)5573-7700
https://www.irhpress.co.jp/

印刷・製本　株式会社 堀内印刷所

ISBN978-4-8233-0207-7 C0014

大川隆法ベストセラーズ・地球神エル・カンターレの真実

太陽の法

エル・カンターレへの道

創世記や愛の段階、悟りの構造、文明の流転を明快に説き、主エル・カンターレの真実の使命を示した、仏法真理の基本書。23言語で発刊され、世界中で愛読されている大ベストセラー。

2,200円

永遠の法

エル・カンターレの世界観

すべての人が死後に旅立つ、あの世の世界。天国と地獄をはじめ、その様子を明確に解き明かした、霊界ガイドブックの決定版。

2,200円

メシアの法

「愛」に始まり「愛」に終わる

「この世界の始まりから終わりまで、あなた方と共にいる存在、それがエル・カンターレ」――。現代のメシアが示す、本当の「善悪の価値観」と「真実の愛」。

2,200円

永遠の仏陀

不滅の光、いまここに

すべての者よ、無限の向上を目指せ――。大宇宙を創造した久遠の仏が、生きとし生けるものへ託した願いとは。

1,980円

〔携帯版〕

1,320円

〔携帯版〕

大川隆法ベストセラーズ・幸福な人生を拓くために

幸福の法

人間を幸福にする四つの原理

真っ向から、幸福の科学入門を目指した基本法。愛・知・反省・発展の「幸福の原理」について、初心者にも分かりやすく説かれた一冊。

1,980円

幸福の原点

人類幸福化への旅立ち

幸福の科学の基本的な思想が盛り込まれた、仏法真理の格好の手引書。正しき心の探究、与える愛など、幸福になる方法が語られる。

1,650円

愛の原点

優しさの美学とは何か

この地上を優しさに満ちた人間で埋め尽くしたい──。人間にとって大切な愛の教えを、限りなく純粋に語った書。

1,650円

心の挑戦

宗教の可能性とは何か

縁起《えんぎ》、般若《はんにゃ》など、仏教の重要な論点を現代的に解説した本書は、あなたを限りなく新時代へ、そしてファッショナブルな知の高みへと誘う。

1,923円

※表示価格は税込10%です。

大川隆法ベストセラーズ・悟りの世界への誘い

大悟の法

常に仏陀と共に歩め

仏陀の「悟り」の本質に斬り込んだ、著者渾身の一冊。分かりやすく現代的に説かれた教えは人生の疑問への結論に満ち満ちている。

2,200 円

沈黙の仏陀

ザ・シークレット・ドクトリン

本書は、戒律や禅定などを平易に説き、仏教における修行のあり方を明らかにする。現代人に悟りへの道を示す、神秘の書。

1,923 円

釈迦の本心

よみがえる仏陀の悟り

釈尊の出家・成道を再現し、その教えを現代人に分かりやすく書き下ろした仏教思想入門。読者を無限の霊的進化へと導く。

2,200 円

幸福の科学グループのご案内

宗教、教育、政治、出版などの活動を通じて、地球的ユートピアの実現を目指しています。

幸福の科学

一九八六年に立宗。信仰の対象は、地球系霊団の最高大霊、主エル・カンターレ。世界百七十カ国以上の国々に信者を持ち、全人類救済という尊い使命のもと、信者は、「愛」と「悟り」と「ユートピア建設」の教えの実践、伝道に励んでいます。

（二〇二四年四月現在）

愛

幸福の科学の「愛」とは、与える愛です。これは、仏教の慈悲《じひ》や布施《ふせ》の精神と同じことです。信者は、仏法真理をお伝えすることを通して、多くの方に幸福な人生を送っていただくための活動に励んでいます。

悟り

「悟り」とは、自らが仏の子であることを知るということです。教学《きょうがく》や精神統一によって心を磨き、智慧《ちえ》を得て悩みを解決すると共に、天使・菩薩《ぼさつ》の境地を目指し、より多くの人を救える力を身につけていきます。

ユートピア建設

私たち人間は、地上に理想世界を建設するという尊い使命を持って生まれてきています。社会の悪を押しとどめ、善を推し進めるために、信者はさまざまな活動に積極的に参加しています。

幸福の科学の教えをさらに学びたい方へ

心を練る。叡智《えいち》を得る。
美しい空間で生まれ変わる――

幸福の科学の精舎《しょうじゃ》

幸福の科学の精舎《しょうじゃ》は、信仰心《しんこうしん》を深め、悟《さと》りを向上させる聖なる空間です。全国各地の精舎では、人格向上のための研修や、仕事・家庭・健康などの問題を解決するための助力が得られる祈願《きがん》を開催《かいさい》しています。研修や祈願に参加することで、日常で見失いがちな、安らかで幸福な心を取り戻《もど》すことができます。

総本山・正心館

総本山・未来館

総本山・日光精舎

総本山・那須精舎

東京正心館

全国に27精舎を展開。

運命が変わる場所――

幸福の科学の支部《しぶ》

幸福の科学は1986年の立宗《りっしゅう》以来、「私、幸せです」と心から言える人を増やすために、世界各地で活動を続けています。

国内では、全国に400カ所以上の支部が展開し、信仰《しんこう》に出合って人生が好転する方が多く誕生しています。

支部では御法話拝聴会、経典学習会、祈願、お祈り、悩み相談などを行っています。

海外支援・災害支援

幸福の科学のネットワークを駆使し、世界中で被災地復興や教育の支援をしています。

毎年２万人以上の方の自殺を減らすため、全国各地でキャンペーンを展開しています。

公式サイト **withyou-hs.net**

自殺防止相談窓口

受付時間　火～土:10～18時（祝日を含む）

TEL **03-5573-7707** メール **withyou-hs@happy-science.org**

視覚障害や聴覚障害、肢体不自由の方々と点訳・音訳・要約筆記・字幕作成・手話通訳等の各種ボランティアが手を携えて、真理の学習や集い、ボランティア養成等、様々な活動を行っています。

公式サイト **helen-hs.net**

入会のご案内

幸福の科学では、主エル・カンターレ 大川隆法総裁が説く仏法真《ぶっぽうしん》理《り》をもとに、「どうすれば幸福になれるのか、また、他の人を幸福にできるのか」を学び、実践しています。

入会　仏法真理を学んでみたい方へ

主エル・カンターレを信じ、その教えを学ぼうとする方なら、どなたでも入会できます。入会された方には、『入会版「正心法語《しょうしんほうご》」』が授与されます。

入会ご希望の方はネットからも入会申し込みができます。

happy-science.jp/joinus

三帰《さんき》誓願《せいがん》　信仰をさらに深めたい方へ

仏弟子としてさらに信仰を深めたい方は、仏《ぶっ》・法《ぽう》・僧《そう》の三宝《さんぽう》への帰依を誓う「三帰誓願式」を受けることができます。三帰誓願者には、『仏説・正心法語』『祈願文《きがんもん》①』『祈願文②』『エル・カンターレへの祈り』が授与されます。

幸福の科学 サービスセンター
TEL 03-5793-1727（受付時間／火～金:10～20時　土・日祝:10～18時（月曜を除く））

幸福の科学 公式サイト
happy-science.jp

幸福実現党

内憂外患《ないゆうがいかん》の国難に立ち向かうべく、2009年5月に幸福実現党を立党しました。創立者である大川隆法党総裁の精神的指導のもと、宗教だけでは解決できない問題に取り組み、幸福を具体化するための力になっています。

幸福実現党　党員募集中

あなたも幸福を実現する政治に参画しませんか。

＊申込書は、下記、幸福実現党公式サイトでダウンロードできます。
住所：〒107-0052
東京都港区赤坂2-10-8 6階 幸福実現党本部

TEL 03-6441-0754　FAX 03-6441-0764
公式サイト hr-party.jp

HS政経塾

大川隆法総裁によって創設された、「未来の日本を背負う、政界・財界で活躍するエリート養成のための社会人教育機関」です。既成の学問を超えた仏法真理を学ぶ「人生の大学院」として、理想国家建設に貢献する人材を輩出するために、2010年に開塾しました。これまで、多数の地方議員が全国各地で活躍してきています。

TEL 03-6277-6029
公式サイト hs-seikei.happy-science.jp

ハッピー・サイエンス・ユニバーシティ

Happy Science University

ハッピー・サイエンス・ユニバーシティとは

ハッピー・サイエンス・ユニバーシティ（HSU）は、
大川隆法総裁が設立された「日本発の本格私学」です。
建学の精神として「幸福の探究と新文明の創造」を掲げ、
チャレンジ精神にあふれ、新時代を切り拓く人材の輩出を目指します。

人間幸福学部　経営成功学部　未来産業学部

HSU長生キャンパス TEL **0475-32-7770**
〒299-4325　千葉県長生郡長生村一松丙 4427-1

未来創造学部

HSU未来創造・東京キャンパス
TEL **03-3699-7707**
〒136-0076　東京都江東区南砂2-6-5　公式サイト **happy-science.university**

学校法人 幸福の科学学園

学校法人 幸福の科学学園は、幸福の科学の教育理念のもとにつくられた教育機関です。人間にとって最も大切な宗教教育の導入を通じて精神性を高めながら、ユートピア建設に貢献する人材輩出を目指しています。

幸福の科学学園

中学校・高等学校（那須本校）
2010年4月開校・栃木県那須郡（男女共学・全寮制）
TEL **0287-75-7777** 公式サイト **happy-science.ac.jp**

関西中学校・高等学校（関西校）
2013年4月開校・滋賀県大津市（男女共学・寮及び通学）
TEL **077-573-7774** 公式サイト **kansai.happy-science.ac.jp**

仏法真理塾「サクセスNo.1」

全国に本校・拠点・支部校を展開する、幸福の科学による信仰教育の機関です。小学生・中学生・高校生を対象に、信仰教育・徳育にウエイトを置きつつ、将来、社会人として活躍するための学力養成にも力を注いでいます。

TEL 03-5750-0751（東京本校）

エンゼルプランV

東京本校を中心に、全国に支部教室を展開。信仰をもとに幼児の心を豊かに育む情操教育を行い、子どもの個性を伸ばして天使に育てます。

TEL 03-5750-0757（東京本校）

エンゼル精舎

乳幼児が対象の、託児型の宗教教育施設。エル・カンターレ信仰をもとに、「皆、光の子だと信じられる子」を育みます。
（※参拝施設ではありません）

不登校児支援スクール「ネバー・マインド」

TEL 03-5750-1741

心の面からのアプローチを重視して、不登校の子供たちを支援しています。

ユー・アー・エンゼル！（あなたは天使！）運動

障害児の不安や悩みに取り組み、ご両親を励まし、勇気づける、障害児支援のボランティア運動を展開しています。

一般社団法人 ユー・アー・エンゼル
TEL 03-6426-7797

NPO活動支援

いじめから子供を守ろうネットワーク

学校からのいじめ追放を目指し、さまざまな社会提言をしています。また、各地でのシンポジウムや学校への啓発ポスター掲示等に取り組む一般財団法人「いじめから子供を守ろうネットワーク」を支援しています。

公式サイト mamoro.org　ブログ blog.mamoro.org
相談窓口 TEL.03-5544-8989

幸福の科学

百歳まで生きる会～いくつになっても生涯現役～

「百歳まで生きる会」は、生涯現役人生を掲げ、友達づくり、生きがいづくりを通じ、一人ひとりの幸福と、世界のユートピア化のために、全国各地で友達の輪を広げ、地域や社会に幸福を広げていく活動を続けているシニア層（55歳以上）の集まりです。

【サービスセンター】TEL 03-5793-1727

シニア・プラン21

「百歳まで生きる会」の研修部門として、心を見つめ、新しき人生の再出発、社会貢献を目指し、セミナー等を開催しています。

【サービスセンター】TEL 03-5793-1727

幸福の科学グループ　出版　メディア　芸能文化

幸福の科学出版

大川隆法総裁の仏法真理の書を中心に、ビジネス、自己啓発、小説など、さまざまなジャンルの書籍・雑誌を出版しています。他にも、映画事業、文学・学術発展のための振興事業、テレビ・ラジオ番組の提供など、幸福の科学文化を広げる事業を行っています。

アー・ユー・ハッピー？
are-you-happy.com

ザ・リバティ
the-liberty.com

幸福の科学出版
TEL　**03-5573-7700**
公式サイト　**irhpress.co.jp**

THE FACT

YouTubeにて
随時好評
配信中！

ザ・ファクト
マスコミが報道しない
「事実」を世界に伝える
ネット・オピニオン番組

公式サイト　**thefact.jp**

NEW STAR PRODUCTION

ニュースター・プロダクション

「新時代の美」を創造する芸能プロダクションです。多くの方々に良き感化を与えられるような魅力あふれるタレントを世に送り出すべく、日々、活動しています。　公式サイト　**newstarpro.co.jp**

ARI Production

ARI《アリ》 Production《プロダクション》

タレント一人ひとりの個性や魅力を引き出し、「新時代を創造するエンターテインメント」をコンセプトに、世の中に精神的価値のある作品を提供していく芸能プロダクションです。　公式サイト　**aripro.co.jp**